OBERLIN

STRASBOURG, IMPRIMERIE DE VEUVE BERGER-LEVRAULT.

OBERLIN

PASTEUR DU BAN-DE-LA-ROCHE

PAR

LOUIS SPACH

ARCHIVISTE DU DÉPARTEMENT DU BAS-RHIN

Vᵉ BERGER-LEVRAULT & FILS, LIBRAIRES-ÉDITEURS

PARIS	STRASBOURG
RUE DES SAINTS-PÈRES, 8	RUE DES JUIFS, 26

1866

Tous droits réservés.

En décembre 1849, à une époque fort agitée, j'eus l'occasion de prononcer, dans l'assemblée annuelle de la Société d'agriculture du Bas-Rhin, l'éloge d'*Oberlin, civilisateur du Ban-de-la-Roche*.

Le pasteur évangélique n'avait pas besoin de ma faible voix pour mettre en relief ses mérites au point de vue de la culture matérielle et morale de la vallée où il avait exercé pendant un demi-siècle son ministère; mais je croyais devoir rappeler à des confrères plus jeunes que moi l'action bienfaisante de ce défricheur intrépide. Le souvenir du bien opéré dans un canton écarté des Vosges, courait alors grand risque de s'obscurcir au milieu des troubles politiques.

Ce discours, qui indiquait à peine une partie de l'activité prodigieuse d'Oberlin, a servi de point de départ à la biographie que je présente en ce moment au public.

Je n'ai point eu le bonheur de jouir moi-même de la vue, ni d'entendre la parole de ce serviteur de l'Évangile ; mais j'ai fidèlement consulté les nombreuses publications, en allemand et en français, dont il a été l'objet ; de la bouche de quelques amis, qui l'ont connu, j'ai recueilli des détails intéressants sur sa personne et sur sa merveilleuse influence ; en pensée, je me suis assis au pied de sa chaire, dans son cabinet de travail, ou dans son atelier ; je l'ai suivi dans les champs et les forêts, dans ses visites et ses promenades au cœur du pays agreste où il a passé les longues années de son âge viril et de sa belle vieillesse ; je me suis familiarisé avec la figure de quelques-uns de ses aides, de ses amis, de son frère, de quelques malheureux qu'il a essayé de sauver ; avec l'ensemble de ces impressions j'ai essayé de recomposer la physionomie du pasteur du Ban-de-la-Roche lui-même. Heureux, si l'émotion que j'ai éprouvée pendant ce travail, se communique à mes lecteurs! Heureux, si je contribue par cette esquisse à faire naître de bonnes pensées, si j'éveille, dans un jeune cœur qui s'ignore, le saint désir de se donner au milieu de nos villes, de nos campagnes, ou dans les contrées lointaines, une mission pareille à celle d'Oberlin.

Juillet 1865.

LE PASTEUR OBERLIN.

CHAPITRE Ier.

Enfance et jeunesse d'Oberlin.

Vers le milieu du dix-huitième siècle nous rencontrons à Strasbourg, dans les fonctions modestes de « magister », ou professeur au Gymnase, un homme de bien, nommé Oberlin; il était le père d'une nombreuse famille, et ne savait pas trop comment nouer les deux bouts de l'année. Ses neuf enfants — dont sept garçons — étaient élevés dans les principes d'une rigide économie et de la crainte de Dieu; sa femme, pieuse, d'un esprit cultivé, savait sacrifier même les plaisirs de l'esprit à ses devoirs de mère et de maîtresse de maison.

Il y a cent vingt ans, l'existence à Strasbourg, dans les maisons bourgeoises, était extrêmement simple: point de luxe en fait de meubles; point de surabondance ou de recherche en fait de nourriture. En hiver, le soir, une seule pièce chauffée réunissait tous les membres de la famille. Le père, s'il était pasteur ou professeur, étudiait son sermon ou corrigeait les devoirs de ses élèves au milieu des allées et des venues; s'il était artisan, il jouait avec ses enfants ou continuait le travail de la journée. Le dimanche, il s'édifiait, en lisant avec les siens la Bible ou un livre de piété. Les brasseries, les cafés, les casinos étaient totalement inconnus; les mauvais sujets, qui fréquentaient exceptionnellement les auberges ou les lieux publics, étaient marqués du doigt et exclus des demeures où l'on conservait les habitudes patriarcales. Dans la haute société seulement, c'est-à-dire chez le petit nombre de familles nobles ou patriciennes qui fréquentaient les salons de l'Intendance ou du gouverneur militaire, les habitudes françaises, le comfort, les repas somptueux, les soirées, les bals commençaient à s'introduire timidement, et à prendre pied avec la langue d'au delà des Vosges.

Dans la maison du magister Oberlin, non-seulement il ne pouvait être question de penchants de cette nature, ni de mœurs raffinées; on y manquait souvent du nécessaire. Même dans le petit monde bourgeois, la famille Oberlin était notée pour la stricte économie qui forcément y régnait. A la rigueur, on y trouvait du sel à mettre sur le pain ou les pommes de terre, mais certainement point de sucre pour y confire des fruits. Le père Oberlin avait bien un petit pied-à-terre dans le village de Schiltigheim, aux portes de Strasbourg ; mais c'était par un motif d'économie bien entendue ; il fallait, en été, les dimanches, avoir un asile quelconque, non loin de la ville, pour faire prendre l'air à sa nombreuse couvée ; il fallait bien se promener, sans aller se rafraîchir, comme on dit en style du pays, dans un cabaret de village. Pour distraire, discipliner, aguerrir ses garçons, le professeur du Gymnase se faisait caporal ou sergent ; il faisait marcher ses enfants au son du tambour, et je crois bien qu'aux aînés il enseignait même la charge en douze temps. Le soir, on rentrait au logis, bien fatigué, pour recommencer avec le lundi une nouvelle semaine de labeur.

C'est au sein d'une famille ainsi constituée, sous le toit d'une maison ainsi réglée, que naquit, le 31 août 1740, Jean-Fréderic Oberlin, l'homme extraordinaire, l'homme apostolique, dont je vais vous dire la vie et les œuvres. Je n'userai d'aucun ornement, d'aucun artifice ; je laisserai parler les faits ; seulement j'aurai soin de les coordonner, de faire un choix ; car les actes généreux, les actes de sublime abnégation, qui constituent la vie de mon « héros, » sont nombreux ; sa carrière est longue, et je dois prendre, dès ce moment, l'engagement d'en faire ressortir le vrai caractère, sans tomber en d'inutiles redites.

Le trait distinctif de Jean-Fréderic Oberlin, dès sa première enfance, c'était la charité. Économe d'une part, il était libéral au delà de ses moyens, et en dehors de tout calcul, lorsque l'occasion d'obliger un ami ou d'alléger une infortune se présentait. Tel il était enfant, tel il resta toute sa vie ; et qui sait si cette absence de toute préoccupation, quand il s'agit de faire le bien, n'est pas la meilleure règle de conduite !

Le père de Fréderic ou de Fritz, comme on l'appelait dans la famille, avait l'habitude de donner à chacun de ses enfants, à la fin de la semaine, une petite pièce de monnaie, dont ils pouvaient librement disposer, au gré de leurs innocents caprices. Fritz avait une boîte ou caisse d'épargne, où il cumulait ses modiques rentrées ; mais lorsque son père se trouvait embarrassé, lorsqu'il s'agissait de solder un compte de cordonnier ou de boulanger, et qu'il y avait pénurie dans la caisse paternelle, l'enfant économe versait, d'un trait, sa petite réserve entre les mains du pauvre magister.

Il pratiquait à un haut degré l'oubli des injures ou des affronts; nullement par lâcheté ou par une humilité exagérée, mais par une bonté de cœur native, par le besoin d'aimer et de pardonner. Les vertus chrétiennes, qui sont, chez d'autres, le fruit de l'éducation et d'une lutte constante contre les mauvais penchants, semblaient chez lui les fleurs naturelles, écloses sur un terrain favorable. Fritz Oberlin avait eu le bonheur d'être élevé par une mère pieuse, et sans doute il avait sucé avec le lait maternel ces excellentes dispositions; mais combien de fils dénaturés ne sortent pas de familles exemplaires! Il faut bien croire que des dons particuliers de Dieu, qu'une grâce d'en haut avait fécondé les heureux instincts de cet enfant. Nous tous, nous croyons sans doute à un gouvernement paternel de Dieu; nous savons que cette main toute-puissante qui a créé les mondes et qui a semé les étoiles dans le firmament, s'étend aussi sur nos têtes; mais il y a des êtres privilégiés qui se sentent plus près de Dieu que le commun des mortels; pour ces élus, tout pénétrés de l'esprit divin, Dieu est réellement un père invisible, mais toujours présent ; pour eux, il est mieux que le Roi du Ciel ; c'est un ami qui se dépouille de sa majesté et descend de son trône lorsque la prière d'un enfant l'en supplie. Fritz Oberlin se savait toujours en présence de ce Père ; il lui rapportait toutes ses actions ; à l'âge de vingt ans, c'est-à-dire à une époque où, chez les caractères les mieux faits, la passion parle souvent plus haut que la raison et que la religion, ce jeune homme exemplaire prenait, dans le silence de sa petite mansarde, l'engagement formel, l'engagement *écrit*, de se vouer toujours et partout au service de Dieu ; c'était un vrai pacte, un contrat, dont le texte remarquable nous a été conservé, et qui révèle dans celui qui l'a rédigé et signé, une ferveur de conviction si ferme et si respectable, que le sourire de l'ironie s'arrêterait, glacé, sur les lèvres du démon lui-même, s'il cherchait à faire dévier une pareille âme.

A cette époque de sa vie, la vocation d'Oberlin était déjà fixée ; il étudiait la théologie, et comptait suivre la carrière pastorale. Ce devait être pour lui la voie naturelle, la route, le long de laquelle il trouverait le plus de misères physiques et morales à soulager. Il n'y était pas arrivé d'un trait, cependant; on ne croirait jamais, si le fait n'était prouvé par les témoignages les plus certains, on ne croirait jamais qu'Oberlin, au sortir de l'enfance, avait eu l'intention de se faire soldat. Rien n'est pourtant plus certain, soit que les exercices militaires, auxquels son père l'avait habitué, eussent fait naître dans sa tête d'enfant la première idée de cette carrière, alors si peu favorable à qui n'appartenait pas aux rangs de la noblesse, soit que la discipline sévère du régiment ait souri à ce caractère, qui cherchait partout l'ordre, la discipline et la soumission à une volonté venant d'en haut; bref, Oberlin avait pensé suivre le son du tambour, lorsque, fort heureusement, les voix intérieures qui lui parlaient dans le silence des nuits, lui montrèrent un maître à la fois plus doux et plus élevé que le colonel ou l'officier d'une compagnie terrestre.

Pour Oberlin, le Créateur des mondes s'était clairement manifesté dans Celui qui s'est lui-même nommé le « fils de Dieu. » Oberlin était, dans la plus belle et la plus littérale signification du mot, un chrétien évangélique; comme tel, il se sentait appelé à annoncer, à expliquer à un monde toujours hostile ou tiède, les vérités de l'Évangile, en les confirmant par son exemple personnel et par la pratique de tous les devoirs imposés par la loi chrétienne.

Aux influences de sa mère s'étaient jointes celles d'un maître vénéré. Il puisait dans les leçons du docteur Lorenz, non pas de nouveaux motifs de croire aux doctrines révélées, mais ces encouragements que l'âme la plus pieuse, le cœur le plus ferme trouve dans les âmes et les cœurs apparentés. Y a-t-il eu dans la longue carrière d'Oberlin des moments de défaillance?... je l'ignore... en tout cas, le monde n'en a rien su ; Dieu seul aurait reçu ces confidences de son serviteur découragé. Mais dans la première ferveur de la jeunesse, Oberlin devait être tout bouillant d'ardeur, de confiance et d'espoir ; et dans ses relations avec un homme âgé, d'une piété plus calme, il ne devait éprouver autre chose que la douce satisfaction de voir sa courte expérience confirmée par la vieillesse.

Oberlin ne se hâta point de demander ou d'accepter une cure d'âmes dans une paroisse. Il sentait le besoin de mûrir, de réunir aux connaissances acquises dans les cours de théologie, des notions utiles, empruntées à d'autres branches du savoir humain ; il avait pour ainsi dire le pressentiment de sa carrière, qui devait être plus large, plus complète, plus efficace que ne l'est ordinairement celle d'un pasteur. — Entré, comme précepteur, à l'âge de vingt et un ans, dans la maison du chirurgien Ziegenhagen, Oberlin mit immédiatement ce séjour à profit ; sous la direction du père de ses élèves, il s'adonna sérieusement à l'étude et à la pratique de la chirurgie. Sa première opération fut faite sur le bras même de cet excellent maître. Le cercle de ses études chirurgicales et médicales s'élargit insensiblement ; il y fit entrer les sciences accessoires ; botaniste passionné, il utilisait ses promenades avec ses élèves dans les campagnes et les forêts des environs de Strasbourg ; il étendait ses courses avec eux sur les collines et les montagnes de notre belle province.

A la différence de la plupart de ses confrères en théologie, il fit de la langue française une étude sérieuse, comme s'il avait deviné qu'un jour il aurait à donner l'enseignement religieux dans cette langue, étrangère alors aux habitudes de l'Alsace.

Il avait passé cinq ou six années dans cette carrière du préceptorat, si rude et si infructueuse pour la plupart des jeunes candidats en théologie qui font ainsi leurs premiers essais d'enseignement. Pour Oberlin, ce séjour auprès d'un chirurgien distingué devint, providentiellement, une école préparatoire, dont il allait bientôt recueillir le meilleur bénéfice possible. En 1767, il avait accepté une place d'aumônier protestant dans le régiment de Royal-Alsace, et il se préparait pour cette nouvelle vocation, vous ne devineriez jamais comment. Il n'ignorait pas qu'il allait trouver un corps d'officiers railleurs, incrédules, élevés à la détestable école des philosophes matérialistes du dix-huitième siècle, qui reniaient carrément les bienfaits et les vérités de la religion chrétienne. Pour être en mesure de leur tenir tête et de répondre victorieusement à leurs persiflages, Oberlin ne craignit point de se jeter lui-même dans la lecture de ces auteurs pernicieux; une cuirasse impénétrable, l'amour de Dieu et de la sainteté, devait le protéger contre les flèches acérées du doute et de la moquerie perverse. Loin de faiblir dans sa foi, le futur aumônier sortit plus épuré, plus convaincu que jamais de cette fournaise. Il comptait, non sur ses propres forces, non sur les ressources de son esprit, pour soutenir la controverse avec de jeunes et brillants militaires; mais il savait que Celui qui lui avait prêté aide et appui dès son entrée dans la vie ne l'abandonnerait pas dans les délicates fonctions qui l'attendaient; sans orgueil, sans impatience, mais aussi sans éprouver la moindre appréhension, il s'apprêtait à plaider la cause de son Seigneur et Sauveur devant les élèves de Voltaire et de Diderot, lorsqu'un incident inattendu vint changer le cours de sa destinée.

CHAPITRE II.

Entrevue de Stuber et d'Oberlin. — Celui-ci est nommé pasteur du Ban-de-la-Roche.

Depuis qu'il avait quitté la famille du chirurgien, Oberlin habitait une petite mansarde, qui contenait à peine les meubles les plus indispensables; cela convenait à la modicité des ressources du jeune candidat, à ses goûts simples, à ses habitudes spartiates. Par une froide soirée de février il était couché sur un lit de camp, que décoraient des rideaux de papier gommé, fabriqués par l'humble locataire lui-même. De violents maux de dents le tenaient cloîtré chez lui, lorsqu'il vit entrer un ecclésiastique d'un âge mûr, qui s'annonça comme pasteur du Ban-de-la-Roche, et jeta de suite des regards observateurs sur le bizarre mobilier de ce chétif réduit.

« Ah! vous êtes le pasteur Stuber, lui dit le jeune malade; soyez le bienvenu! qu'est-ce qui vous amène chez moi?...

— Mais, le désir de faire votre connaissance, d'abord, puis la nécessité de vous parler affaire.

— Vous m'étonnez, et me comblez, Monsieur le pasteur. Il faut bien que ce soit une affaire urgente qui vous pousse à mon troisième étage. Quand vous rentrez à Strasbourg, de votre vallée écartée, vous avez sans doute beaucoup de parents et d'amis à visiter. Encore une fois, cher pasteur, qu'avez-vous à dire à un candidat inconnu tel que moi?

— Pas si inconnu que vous le pensez, ou que vous voulez bien le dire, Monsieur Oberlin. On m'a précisément parlé de vous comme d'un candidat qui ne suivait pas les chemins tout à fait battus, ou tracés par la routine du métier. Vous avez étudié la chirurgie et la médecine; vous connaissez les herbes officinales, n'est-il point vrai?....

— Dans mes heures de loisir, je me suis occupé un peu de botanique; le docteur Ziegenhagen m'a fait pratiquer des saignées, et je me suis un peu hasardé dans la salle d'anatomie. » — Et tout en donnant cette réponse, le candidat se redressa dans son lit, en appuyant sa joue endolorie sur l'une de ses mains.

« Et vous parlez le français?....

— Un peu, Monsieur le pasteur.

— Votre frère Jérémie m'assure que vous le parlez parfaitement. C'est bien rare à Strasbourg; c'est un exemple unique parmi nos jeunes candidats.

— Je vous dirai, mon cher pasteur, que mon frère me flatte et me gâte, et ce n'est pas ce qu'il fait de mieux. Je préférerais qu'il me communiquât sa vaste science, plutôt que de me sentir soutenu par lui dans mes tendances de paresse.

— En vérité, Monsieur le candidat?... Vous avez là un frère bien complaisant; comme professeur, il ne passe pas pour être indulgent. On le dit très-sévère; mais il parait qu'il a l'esprit de famille, puisqu'il vous traite autrement que ses élèves.... Seriez-vous assez bon, Monsieur le candidat, pour m'expliquer ce que signifie cette petite poêle à frire, suspendue au-dessus de votre lampe? Il parait que vous faites ici de copieux repas, et que vous êtes votre propre maître d'hôtel?.... »

Une rougeur écarlate couvrit les joues et le front d'Oberlin.

« Mille pardons! vous vous trompez, Monsieur le pasteur; je prends mes repas à midi, chez mes parents, et j'emporte le pain que mon excellente mère prépare pour moi; à huit heures je le fais cuire dans de l'eau claire; cela constitue mon potage à neuf heures.

— Vous êtes mon homme! s'écria le pasteur Stuber, en se levant brusquement de la chaise de bois de sapin qu'il occupait.

— Mais qu'avez-vous, cher pasteur?... je suis donc bien vorace, ou bien ridicule à vos yeux?...

— Ni l'un, ni l'autre... vous mangez du brouet de Lacédémone!... vous êtes, en vérité, mon homme!

— En vérité, Monsieur, je ne comprends pas vos paroles, reprit le candidat alité, en élevant un peu la voix, comme si un léger mouvement d'impatience le gagnait...

— Je le vois bien, que vous ne me comprenez pas; mais je vous tiens et ne vous lâcherai plus; je viens vous offrir la cure de Waldbach au Ban-de-la-Roche.

— Très-flatté, très-honoré de votre confiance, cher pasteur; mais j'ai été nommé, il y a peu de temps, aumônier de Royal-Alsace; j'ai donné ma parole.

— Bah! on obtiendra votre rachat! vous n'êtes pas un conscrit, vous n'êtes pas un enrôlé; vous n'êtes pas l'homme-lige du roi Louis XV; vous avez un autre maître à servir; je vous tiens; il faut — vous entendez bien ce que je vous dis, jeune homme — il faut que vous soyez pasteur de Waldbach, au Ban-de-la-Roche; et je vous le dis, au nom de notre Maître et Seigneur à nous tous. Il y a là cent malheureuses familles, quatre à cinq cents âmes à diriger, à sauver.

— Vous m'honorez plus que je ne puis dire, cher frère en Jésus-Christ; mais il y a partout des âmes à sauver, dans les régiments du roi plus que partout ailleurs. Le diable talonne tous ces officiers fringants que vous voyez étaler leurs grâces à la promenade et à la parade; le diable pousse et abrutit les soldats dans les cabarets et les mauvais lieux; le diable tient le pas et gambade à côté de la musique militaire; je ne vous dis pas que je l'ai vu des yeux de mon corps; je ne suis pas un visionnaire — non, je ne suis pas un visionnaire — mais je vous assure, cher pasteur, que je vais aller à la chasse du démon, et que dans vos montagnes je n'aurais à chasser que des loups. — D'ailleurs, j'ai donné ma parole.... Et puis, pourquoi, soit dit sans vous offenser, pourquoi quittez-vous le Ban-de-la-Roche, s'il y a tant de bien à y faire?

— Monsieur le candidat, je ne quitterai le Ban-de-la-Roche qu'autant que j'y serai remplacé par un homme tel que vous. Et je désire le quitter, parce que ma pauvre femme se meurt, loin de tout secours médical, et dans un air trop vif, trop dévorant pour elle.

— Ceci est différent, reprit Oberlin, en tendant sa main droite au pasteur. C'est donc un séjour bien froid, que votre cure?

— Je ne veux rien exagérer, mon cher Oberlin. Six mois d'hiver; par moments, les froids des bords de la Baltique; un vent glacial descend parfois des plateaux neigeux qui nous dominent; des malades et des mourants à voir dans les censes écartées, solitaires, au pied ou dans les clairières des forêts de sapin. Ma femme.... elle est cependant bien résignée.... ma femme dans nos débuts se mourait de peur, à me savoir perdu dans les tourbillons de neige. C'est comme dans les passages des Alpes. Vous avez été en Suisse?...

— Jamais! mais cela se devine!... vos étés du moins sont beaux? ils compensent les rigueurs de l'hiver? n'est-ce pas vrai?

— Quatre à cinq mois assez courts, entrecoupés de pluies et d'orages. Oui, les senteurs aromatiques de quelques prairies parfument l'air, et le seigle mûrit bien pendant les bonnes années.

— Et vos paroissiens?... de bonnes gens?... de braves campagnards?...

— Pas trop, pas trop, sans les calomnier! il y a là, certes, de bonnes âmes, qui me sont fort attachées; mais tout ce monde est ignorant à faire peur, et revêche, et fier de son ignorance. Ce sont des têtes de fer; une population de cyclopes... Quand je suis arrivé, le maître d'école gardait les troupeaux en été; en hiver, il enseignait, dans une hutte, tant bien que mal, le peu qu'il savait. J'ai lutté, et je lutte depuis plus de dix ans contre une matière rebelle.... J'avais quitté Waldbach, pendant un temps, pendant quelques années, et j'étais parfaitement établi, comme pasteur, dans la jolie bourgade de Barr, au milieu des vignobles; et ma jeune famille fleurissait comme les vignes au soleil, lorsque j'ai appris que mon successeur laissait aller à la dérive la nacelle, chargée d'âmes, que je lui avais remise; mon cœur a saigné; je suis retourné à Waldbach reprendre le gouvernail; maintenant il échappe de ma main, qui faiblit; je vous ai dit pourquoi....»

Oberlin était devenu pensif; il leva lentement

ses deux grands yeux bleus sur le pasteur et lui dit :

« Avez-vous quelques ressources matérielles pour venir en aide aux pauvres?... car je devine qu'il y en a beaucoup dans ces pauvres vallons....

— Moi, j'ai peu de chose; et eux tous n'ont rien. La petite fortune de ma femme se perd à soulager quelques misères. Quatre annexes plus pauvres encore que la paroisse-mère à desservir! pas de chemin praticable de village à village; des bourbiers entre les cabanes et les huttes; des cerises sauvages, des pommes et des poires à jeter aux pourceaux; et chez les habitants, l'indifférence la plus complète; ils ne se soucient pas d'améliorer leur état. M. l'intendant d'Alsace, qui connaît les îles Britanniques, m'a dit gracieusement que mes paroissiens et leurs porcs étaient une édition en miniature de l'Irlande.

— Que ne me disiez-vous tout cela avant de commencer!» reprit Oberlin; puis il retomba dans un état qui ressemblait à une demi-somnolence, mais qui pouvait, à la rigueur, être rapportée à la souffrance physique.

— Je vous fatigue, mon cher candidat; je reviendrai, si vous le permettez, dans un moment plus opportun, car je ne vous ai pas tout dit. Et je crains bien que vous ne me répondiez comme deux de vos confrères, que je viens d'entretenir : « Il vaut mieux vivre ici de l'air du temps, que là-haut de l'air des Vosges. »

— Je n'ai point dit cela, Monsieur le pasteur ; loin de là ; chacune de vos paroles vient frapper à la porte de mon cœur comme des coups de marteau. Quelle angoisse de se trouver, dans la vie, en face d'une bifurcation, sans savoir dans quel embranchement il faut s'engager. Ah ! Monsieur le pasteur, pourquoi a-t-il fallu, il y a peu de jours, que je donne ma parole ! »

Le pasteur Stuber devinait parfaitement la lutte qui se livrait dans l'âme de son jeune confrère ; il souffrait d'être la cause première de cette épreuve angoissante ; mais, certes, ici, un but noble et permis justifiait le moyen, dont usait le pasteur pour amener au troupeau qu'il abandonnait, un berger exemplaire. « — Je ne veux pas vous obséder, ni vous torturer en ce moment, mon jeune ami ; je reviendrai demain chercher votre refus ou votre consentement, le tout, bien entendu, sauf recours à qui de droit pour vous délier de votre engagement d'honneur.

— Oh ! il n'est pas besoin d'attendre à demain pour demander à Dieu qu'il daigne nous éclairer.

Le Seigneur son fils n'a-t-il pas dit à ses disciples :
« Partout où vous serez réunis deux ou trois, en
mon nom, je serai parmi vous. » Ah! cher frère,
adressons-nous à lui, et il nous dira de quel côté
est mon devoir, dans quelle voie il veut que je
chemine. »

Alors le pasteur du Ban-de-la-Roche s'agenouilla sur les carreaux de la mansarde, et Oberlin cachant sa tête dans les coussins de son lit, se mit à implorer, en sanglotant, la grâce et la lumière du Seigneur ; et l'esprit de Dieu descendit sur ces deux hommes en prière ; dans ce pauvre réduit, on sentait comme le battement d'ailes d'une invisible colombe ; et lorsque tous les deux eurent relevé leur tête, ils se tendirent, en silence, la main. Le nouveau pasteur du Ban-de-la-Roche était nommé.

CHAPITRE III.

Le Ban-de-la-Roche. — Ses habitants en 1767.

Le 30 mars 1767, Oberlin était installé dans la cabane presbytérale de Waldbach. Avant de le voir à l'œuvre, nous allons regarder, à vol d'oiseau, le canton qu'il allait habiter, et dont le pasteur Stuber lui avait fait une description peu édifiante, du moins au point de vue du climat et du comfort que le jeune pasteur devait y trouver.

La vallée de la Bruche, qui, de Strasbourg, conduit au Ban-de-la-Roche, est dominée, à son entrée en plaine, vers le sud, par le colossal château de Guirbaden, et au nord par la colline de Heiligenberg, où la pioche, en remuant le sol, touche partout encore à des poteries romaines. A l'ouest, en suivant des yeux le large torrent de la Bruche, les deux pointes du Donon se dressent devant vous à l'horizon; c'est la montagne aux souvenirs celtiques. En suivant toujours les sinuosités pittoresques de la vallée, on arrive à Rothau, chef-lieu de l'ancienne seigneurie du Ban-de-la-Roche, mais situé encore en dehors de l'étroite enceinte et du vallon reculé, où va s'exercer l'activité d'Oberlin. Jusque-là, quoiqu'on remonte constamment le torrent, l'altitude ne diffère pas considérablement de celle de Strasbourg; mais à Rothau, vous êtes sur l'extrême limite de la culture riante; l'âpreté des régions élevées s'annonce déjà par plus d'un signe précurseur.

De Rothau à Fouday, sur une distance de peu de kilomètres, la physionomie du val de Bruche a complétement changé; ce n'est plus une large surface de prairies, entrecoupée de villages et de vergers, bordée de montagnes aux formes gracieuses; le vallon s'est rétréci; le chemin monte le long de rocs incultes, par des rampes plus ou moins raides; bientôt on touche à une vallée latérale, formée par un torrent (le Waldbach) qui se jette dans la Bruche; par des pentes abruptes, on aboutit au plateau infertile du Champ-du-Feu.

Ce vallon latéral, c'est le vrai Ban-de-la-Roche; il mérite son nom; partout le granit perce une mince couche de terre végétale; on entrevoit facilement qu'un labeur infatigable a seul pu conquérir à la culture les prairies et les champs, qui s'étendent dans les ravins ou qui escaladent les hauteurs.

Pendant six à sept mois de l'année, la neige recouvre en effet de son linceul uniforme ce pauvre pays. Souvent une brume glacée jette un second voile de deuil sur les échancrures du vallon. Sous cette apparente uniformité, et dans ce terrain étroit, l'observateur peut, le thermomètre à la main, constater des variations brusques d'un point à un autre. A mesure que l'on remonte de Fouday, situé à l'issue du vallon latéral, vers les quatre autres communes du Ban-de-la-Roche, surtout vers Belmont, et de là vers les hauteurs du Champ-du-Feu, on passe du climat des villes suisses à celui de la Pologne. Lorsque, par moments, le vent vient à passer sur ces plateaux, élevés à 1,000 mètres au-dessus du niveau de la mer, et qu'imprégné d'atomes neigeux, il passe sur les villages du Ban-de-la-Roche, rien ne résiste à son impétuosité; les poumons les plus robustes se crispent à son approche, comme s'il avait traversé les steppes du Nord, et les expressions pittoresques du patois local signalent son action malfaisante.

Après la fonte des neiges, qu'accompagnent quelquefois des désastres, arrivent quatre ou cinq mois de température variable, tantôt de fortes chaleurs, tantôt des pluies torrentielles, et, au milieu de ce climat excessif, quelques beaux jours clair-semés, lorsque l'odeur du foin parfume ces solitudes, et que les ruisseaux, purs de tout alliage de neige, de glace ou de pluie, unissent leur murmure au chant des oiseaux.

Pendant ces quelques mois fugitifs comme dans le nord de l'Europe, il faut semer et récolter à la hâte, avant qu'un hiver précoce ne vienne détruire de maigres moissons. Ce pays si agreste, si pauvre, si caché au fond des montagnes, qu'on le dirait impénétrable à la marche d'une armée, aurait dû échapper aux ravages de la guerre; il n'en a rien été; la lutte effroyable du milieu du dix-septième siècle n'épargna point le Ban-de-la-Roche; population, champs et bestiaux disparurent comme dans la presque totalité de la riche vallée du Rhin. Le château de la Roche, démantelé, ne dominait plus que des décombres et des ruines. Au sortir de ces temps maudits, lorsque, après soixante ans de calme, les cinq hameaux de Waldbach, Belmont, Bellefosse, Fouday et Solbach eurent repris un peu de vie, l'hiver de 1709 vint arrêter cette séve renaissante; la famine replongea dans une misère sans issue cette population encore débile.

A la misère s'était jointe l'ignorance, sa compagne fidèle; dans les huttes de ces misérables montagnards le porc habitait côte à côte de son maître, dont il était l'unique ressource. La pomme de terre, récemment importée, avait vite dégénéré dans ces champs perdus au milieu des rocs, sans protection contre les cours d'eau destructeurs, sans engrais, sans les soins d'une intelligente culture. Les habitants affamés, peu délicats dans le choix de leurs mets, allaient cueillir des herbages dans les ravins, ou des pommes et des poires sauvages sur les arbres non greffés. Je ne trace point un tableau de fantaisie; j'en adoucis les sombres couleurs.

Dans la seconde moitié du seizième siècle, le Ban-de-la-Roche avait embrassé la Réforme; un seul pasteur desservait les cinq villages que j'ai nommés tout à l'heure; un second pasteur résidait à Rothau. Ces positions, on le pense bien, n'étaient guère ambitionnées; les candidats les moins aptes y allaient et à contre-cœur; ils avaient hâte de sortir de cette Sibérie, dès que l'occasion s'en présentait.

En 1750 cependant, un homme de cœur, le pasteur Stuber, était venu s'installer à Waldbach; le premier, il avait tenté d'améliorer l'état moral, intellectuel et physique de ses pauvres paroissiens. Il devint le digne précurseur d'Oberlin. Il introduisit un peu d'ordre dans les écoles, ou plutôt il les fonda. Par un dévouement, auquel ses prédécesseurs n'avaient pas habitué ces malheureuses familles, Stuber gagna la confiance de quelques-unes de ses ouailles; à quelques-unes, il parvint à inspirer l'idée, le désir d'améliorer leur sort, en arrachant à la terre un peu plus de nourriture, et en donnant à leur esprit un peu plus d'aliment. Mais il usait ses forces à ce travail de Sisyphe, et lorsqu'il sentit que, décidément, il n'y suffisait plus, il accepta une vocation à Strasbourg, après avoir choisi un remplaçant, qui allait, en fait d'abnégation, le laisser lui-même bien loin en arrière. L'action qu'exerça Oberlin sur son district pastoral fut tellement hors ligne, qu'elle défie toute comparaison; par son exemple, il a électrisé au loin des âmes, et fait porter des fruits bien au delà de l'étroit rayon de sa patrie locale. Le nom d'Oberlin a passé l'Océan, et, ce qui est rare, cet homme, ce chrétien modeste, qui fuyait le bruit et l'éclat, qui s'était caché dans un vallon inconnu, uniquement pour faire une chose agréable à Dieu, cet homme conquit, sans le vouloir, une renommée mondaine, une gloire que beaucoup d'ambitieux lui auraient enviée.

Je m'arrête; je ne veux point devancer les événements; il faut laisser parler les faits, à mesure qu'ils se présenteront à nous dans le cours de cette bienfaisante carrière.

CHAPITRE IV.
Les débuts d'Oberlin au Ban-de-la-Roche.

Nous connaissons déjà quelques traits de la vie et du caractère du jeune Oberlin; nous savons qu'il plaçait sa véritable force en dehors de ce monde. Il croyait aux choses invisibles. C'était à la fois un homme d'action et un homme qui cherchait dans le recueillement solitaire ou dans la contemplation des œuvres de Dieu à s'élever au-dessus des misères et des souffrances humaines. La prière lui prêtait des ailes; non pas une prière vague, non pas une simple aspiration vers Dieu, comme nous en éprouvons tous dans les moments d'angoisse ou de reconnaissance, mais la prière adressée à Jéhovah, au Dieu de l'ancienne et de la nouvelle alliance; la prière par l'entremise du Christ. Déjà, comme candidat, Oberlin agissait sur les âmes moins fortes; on s'adressait à lui pour obtenir des prières efficaces. Il était le chêne fort et inébranlable qui prête soutien au lierre noué autour de son tronc pour monter vers le ciel.

En venant s'établir dans la maison rustique et délabrée qui servait de presbytère à Waldbach, Oberlin n'ignorait pas que, malgré les soins donnés pendant ces derniers temps à la pauvre paroisse par son prédécesseur, tout à peu près restait à faire : instruction religieuse et élémentaire à donner aux parents et aux enfants; soulagement des misères matérielles et morales; amélioration ou plutôt création d'une agriculture adaptée aux exigences de ce sol ingrat. Mais par où commencer?... comment avoir prise sur des natures ingrates, brutales, que le pasteur Stuber n'avait que trop bien caractérisées?... comment et où trouver des ressources pour créer et soutenir des écoles?... comment établir des chemins de village à village, de vallon à vallon? comment endiguer les torrents? assainir les bas-fonds? arracher un peu plus de moissons à ce sol rocailleux? défricher les forêts surabondantes? irriguer les prairies? planter des arbres fruitiers? nettoyer les cabanes, et les étables et les bourbiers des rues? habiller cette population déguenillée? — Hélas! et pour commencer par l'indispensable, comment procurer un peu plus de nourriture à tant de corps chétifs? comment améliorer une race abâtardie pour la rendre propre à recevoir la nourriture de l'âme?...

Il fallait bien qu'Oberlin trouvât force et appui chez son père invisible, chez le père qui est aux cieux, mais qui révèle sa présence au croyant par des résultats et des secours inattendus. Oberlin répandait matin et soir son âme devant le Seigneur. Avant d'entreprendre une œuvre quelconque, il demandait assistance à son conseiller; il priait; il gagnait des forces pour la journée; il conquérait un sommeil réparateur pour la nuit.

Au moment de son début à Waldbach, fort heureusement la belle saison allait commencer;

Oberlin aimait passionnément les hautes montagnes et les forêts; un lever ou un coucher de soleil splendide était pour lui un spectacle qui réparait ou qui doublait ses forces; en allant d'une cabane à l'autre, pour faire connaissance avec chaque famille de ses paroissiens, il se retrempait dans un air bienfaisant; les miasmes fétides de la pauvreté n'entamaient point sa poitrine robuste; la caresse innocente d'un enfant compensait l'accueil taciturne ou railleur des parents; l'attention que prêtait à sa parole le vieillard décrépit, qui allait quitter la terre, le consolait de l'insolence du jeune père de famille qui refusait d'envoyer ses enfants à l'école; les pleurs qu'une femme, qu'une mère abandonnée versait devant lui, et qu'il séchait par des paroles empruntées aux discours du Sauveur sur la montagne, lui faisaient oublier les injures des esprits pervertis et endurcis dans le mal. De porte en porte, de lucarne à lucarne, il allait, pendant les jours ouvriers, frapper de ses bonnes mains et porter, qu'on voulût ou non l'accepter, la nourriture de l'âme et, aux plus nécessiteux, la nourriture du corps.

Mais comment, pauvre lui-même, et recevant du seigneur du Ban-de-la-Roche une solde bien inférieure à celle d'un instituteur de village de nos jours, comment suffisait-il à ces aumônes? comment, même en se privant, lui, du nécessaire, parvenait-il à porter dans beaucoup de ces huttes un peu de pain bis, des médicaments pour les malades, des habits ou des vêtements propres pour les enfants à demi sauvages? Il arrivait à Oberlin ce qui s'est toujours vérifié pour les bonnes âmes appliquées aux œuvres de charité: les secours inattendus se présentent dans le moment opportun; ou bien, il provoquait lui-même cette assistance. A Strasbourg, il avait laissé et il retrouvait des amis dévoués nombreux. Stuber avait pu lui dire sans flatterie: Vous n'êtes point inconnu. Dès que l'on sut que le jeune Oberlin se dévouait à une œuvre de missionnaire parmi «les naturels des Vosges,» dès qu'il eut, par lettres fréquentes ou en personne, et avec l'éloquence du cœur, dépeint à ses amis de la cité l'horrible dénuement de cette population montagnarde, à douze ou à quinze lieues à peine de Strasbourg, tous ses coreligionnaires s'émurent; on vint à son aide par des dons en nature et en argent; car tous les donateurs étaient assurés que pas une parcelle ne se perdait en route et que chaque miette de pain serait recueillie par les plus nécessiteux. Dès le surlendemain de son installation à Waldbach, Oberlin put, sous un rapport au moins, porter témoignage en faveur de la vérité efficace de l'Évangile :

Aux petits des oiseaux il donne leur pâture.

CHAPITRE V.

Opposition que rencontre Oberlin.

La prédication et l'enseignement direct que donnait Oberlin s'appuyaient donc sur les œuvres; je me trompe d'expression : tout chez lui, actes et paroles, s'appuyait sur la foi, découlait de la foi; mais les œuvres venaient à l'appui de la parole.

Il semble que cette charité si active dès le début aurait dû lui ouvrir instantanément l'accès de tous les cœurs; il n'en fut rien cependant; les prédictions ou les prévisions de Stuber se réalisèrent d'abord à la lettre. Le petit troupeau de fidèles que lui déjà avait réussi à grouper autour du presbytère resta fidèle à son successeur; quelques âmes déjà ébranlées furent ralliées; mais le gros de la population resta fort indifférent; et puis il y eut des sentinelles perdues du vice qui, de leur côté, formèrent un noyau de sérieuse et véhémente opposition contre le nouvel arrivant, contre cet importun dont les sermons portaient toujours sur la nécessité du repentir et de la contrition.

« Que nous veut-il, ce cagot ! s'écriaient au cabaret les récalcitrants ; que nous veut-il avec son prêche ! en quoi péchons-nous contre Dieu, lorsque nous prenons une goutte d'eau-de-vie pour nous réchauffer le ventre, ou lorsque nous donnons une petite râclée à nos femmes qui nous ennuient de leurs grogneries ?... Que ce prêtre hypocrite nous fasse venir du bon vin du Finkenberg de Mutzig et nous ne boirons plus d'eau-de-vie ; qu'il nous donne de quoi nourrir et vêtir nos femmes et nos enfants, et nous serons rangés comme les citadins ses compatriotes ; et nous remercierons, non pas le bon Dieu, qui ne nous donne rien gratis, mais les bons garçons, les bons diables qui nous auront fait faire bombance ! »

Et lorsque du sein de ces vociférations s'élevait une voix timide disant : « Mais Oberlin fait ce qu'il peut ! attendez donc ! il commence à peine à faire son métier, et il ne donne pas mal !... — Bah, s'écriaient les meneurs, c'est une goutte d'eau dans la mer ! c'est bon pour ne pas nous laisser mourir de faim ! ce n'est pas assez pour vivre ; c'est trop, puisqu'il ne s'agit que d'en finir avec cette piètre existence ! »

Et les plus vicieux criaient plus fort : « Au diable

la pénitence! de quoi aurions-nous à nous repentir? nous sommes de pauvres bûcherons, et nous ne tuons, nous ne volons personne! nous voudrions bien savoir ce qu'il peut nous reprocher, ce moine fanatique! Avez-vous remarqué comme ses yeux s'illuminent et flamboient en chaire? et comme sa voix tremble, et comme les larmes coulent le long de ses joues, le pleurnicheur! tout cela pour émouvoir nos femmes et nos filles; pour les faire tourner contre nous! Et lorsqu'il nous parle des tortures et des flammes de l'enfer et des joies du paradis! y a-t-il été, lui? que vient-il nous conter du séjour des Élus et du chant des archanges?... les a-t-il entendus? c'est à dormir debout!

— Eh! non, ce n'est pas à dormir debout, tonnait une voix de basse; non, il ne faut point s'endormir à ces sottes paroles; il faut lui donner une leçon dont il se souvienne! Je vous dis, camarades, que si nous le laissons faire et continuer de la sorte, il nous ennuiera tous les dimanches, et nous n'aurons plus de paix au logis. Une petite admonestation, donnée le soir, lorsqu'il rentre de ses flâneries dans les bois, le paresseux; une petite application de coups de bâton sur les reins, sans entamer les os, cela fera son affaire et la nôtre; il changera de ton et de note: il prêchera, s'il veut, *sur les plaisirs des bienheureux et des élus;* mais il ne s'amusera plus à prêcher *contre nos plaisirs,* à nous; et nous trouverons le silence et la soumission dans nos ménages. »

Ces mauvaises paroles et ces menaces arrivèrent jusqu'aux oreilles du jeune pasteur; car il avait pourtant quelques partisans timides, même au sein de ces conciliabules de cabaret. Son parti fut bientôt pris : il n'avait pas besoin de recourir à son conseiller céleste ; sa prudence consommée et la bonté native de son cœur devaient lui dicter sa ligne de conduite. Le premier dimanche qui suivit la réunion tumultueuse, dont on l'avait averti, il fit un sermon sur le pardon des injures et sur la protection de Dieu qui couvre les siens comme d'un bouclier. Et en parlant ainsi, il fixait de ses yeux à la fois doux, compatissants et fermes les hommes qui avaient proféré ces menaces contre lui; car il les reconnaissait au milieu de ses paroissiens étonnés, qui comprenaient bien qu'il y avait dans les paroles émues du pasteur quelque allusion, quelque application directe, mais qui ne savaient cependant pas à qui elles s'adressaient.

Le soir de ce même jour, Oberlin alla, de son

propre gré, au-devant des blessures et des coups que ses adversaires comptaient lui porter. Sachant très-bien dans quelle localité il les trouverait réunis, il s'achemina, calme et sans même tenir dans sa main sa canne inoffensive, il s'achemina vers la maison qui donnait asile à ces hommes turbulents, et il entra dans la chambre, se découvrit devant eux et leur dit: «Mes amis, je sais ce que vous voulez faire de moi; j'ai pensé qu'il valait mieux me livrer à votre courroux, que je sais ne pas avoir mérité, plutôt que de vous laisser dresser un guet-apens contre votre pasteur, au tournant d'un chemin, de nuit, où les coups portés peuvent frapper, par inadvertance, la tête du pauvre promeneur. Me voici, faites de moi comme vous l'entendrez...»

La confusion des assistants fut grande; car la majorité n'était pas méchante; ce n'était que l'irritation des cœurs naturels, non convertis, qui avait parlé par leur bouche et qui avait momentanément obscurci leur intelligence et perverti leur volonté. L'aspect de cet homme de Dieu, si paisible, le rayonnement de cette angélique figure où l'énergie virile était tempérée par une grâce toute féminine, l'influence merveilleuse d'une nature aimante qui apporte la bénédiction là où elle aurait le droit, peut-être le devoir de faire entendre la menace et de montrer la loi armée contre le coupable; cette vue, cette influence agirent si bien et si fort sur ces paroissiens un moment rebelles, qu'ils furent sur le point de tomber aux pieds d'Oberlin et, en s'avouant coupables, d'implorer son pardon. Ils lui firent cortége et le ramenèrent à la porte du presbytère. Quelques-uns pleurèrent en silence, mais ils cachèrent leurs larmes; ils craignaient la raillerie de leurs camarades. Mais de coups ou de blessures, il n'en fut plus question.

Oberlin, contrairement à ses habitudes, n'avait point imploré le secours du Très-Haut avant de tenter cette expédition nocturne; il tomba maintenant à genoux et remercia Dieu de sa protection invisible. Puis il entonna un chant de grâces; c'était son concert du soir le dimanche. En ouvrant les volets de sa petite chambre d'études, il vit les reflets de l'astre de la nuit sur le jardin du presbytère, sur le village et sur le fond des montagnes. Oberlin n'était nullement porté à la sentimentalité vulgaire qui a tant abusé de ces effets de l'atmosphère du jour et de la nuit. Les réminiscences des poëtes païens, le souvenir de Diane chasseresse et de l'astre qui lui est consacré n'avaient aucune prise sur son imagination, ni sur l'expression de ses pensées. Mais le calme profond qui régnait en ce moment dans cette campagne et cette lumière si doucement tempérée, qui semblait filtrer à travers les arbres du verger, lui rappelaient les tièdes nuits au jardin du cloître Saint-Guillaume, et le tout était si bien en harmonie avec la disposition de son âme satisfaite de sa journée, qu'il répéta une fois de plus à haute voix : « Mon Dieu, je te remercie de m'avoir amené dans ces beaux lieux qui sont si pleins de toi ! Ah ! fais que je continue à y vivre et agir selon ton esprit, et daigne me recevoir un jour dans ces demeures éthérées, que je vois briller, dans l'infini, au-dessus de ma tête. »

CHAPITRE VI.

L'éternité des peines.

Dans les commencements de son séjour au Ban-de-la-Roche, ces luttes contre le mauvais vouloir étaient au surplus journalières. Pour une difficulté vaincue, il en surgissait une ou deux autres; pour un adversaire écarté, il se présentait de suite un remplaçant. Oberlin, à un point de vue purement humain, ressemblait à un maître d'escrime qui, dans une salle d'armes, est obligé de tenir tête à tous les assaillants, et lorsqu'il a mis hors de combat un rival d'influence, est tenu de se mettre en garde contre un débutant qui veut entrer en lice à son tour.

Oberlin avait un jour prêché sur l'éternité des peines; ce dogme ne convenait pas le moins du monde à une partie de son auditoire.

Les habitudes du cabaret étaient invétérées, et Oberlin s'efforçait en vain pendant les premiers temps, si rudes et si mauvais pour lui, d'enrayer le mal. On lui opposait une résistance ou d'inertie ou de récriminations.

Dans un de ces conciliabules du soir, le sermon sur les peines éternelles de l'enfer fut soumis à une violente critique. L'un des meneurs, monté sur une table, se mit à parodier le sermon: « Je suis un meilleur prédicant, dit-il, que M. le pasteur; vous allez, mes chers camarades et auditeurs, en juger vous-mêmes: Nous aimons le vin et l'eau-de-vie; c'est vrai. Il fait bien froid dans notre chien de pays; il faut bien nous réchauffer le corps. Et vous croyez que, pour cette faiblesse, le bon Dieu nous laisserait griller éternellement dans les flammes de Satan? Chansons que tout cela!... Supposez que l'un de vos garçons vienne vous dire, ou que l'un des miens vienne me dire : « Père, j'ai commis le péché d'ivresse ; je suis, j'en conviens, un grand pécheur ; j'ai bu tout mon soûl, jusqu'à tomber dans le ruisseau... » Que lui répondrais-je ?... Que répondriez-vous à vos drôles ?... « Mon fils, tu as eu tort ; il faut tout faire avec modération ; il ne faut point t'enivrer jusqu'à rouler dans le ruisseau. Je t'impose pour pénitence de ne boire ni vin ni eau-de-vie pendant trois mois, pendant neuf mois, pendant un an. » — C'est bon, leur en dirions-nous davantage ?... leur dirions-nous : « Vous êtes de mauvais gueux, incorrigibles ; je vous défends à tout jamais de goûter du vin et de l'eau-de-vie, dussiez-vous geler de froid et grelotter toute votre vie durant ! » Leur dirions-nous : « Vous méritez d'être fouettés jusqu'au sang, aujourd'hui et demain et jusqu'à la consommation de votre sang et de votre vie ?... » Parbleu, non ! — pourquoi parlons-nous du *bon* Dieu ?... parce qu'il est le Dieu des bonnes gens, et qu'il ne veut pas notre perdition à tout jamais ! »

Les applaudissements ne manquèrent pas au prédicant improvisé ; il recueillit l'assentiment de toute la réunion.

Lorsque Oberlin eut appris l'effet produit par son sermon, il fut tout attristé de voir que les résultats allaient à l'encontre du but qu'il avait espéré atteindre. En remontant en chaire, le dimanche suivant, il dit à son auditoire : « Mes amis, j'ai appris avec une extrême peine que plusieurs d'entre vous ne peuvent se familiariser avec l'idée des peines éternelles! Ils pensent que Dieu est trop bon pour condamner ainsi sans appel nos vices et nos péchés. Je comprends parfaitement qu'il vous répugne de renoncer à de mauvaises habitudes, en vue d'un châtiment futur, qu'il vous convienne mieux de continuer à vous enivrer, quittes à expier temporairement, dans un autre monde, le plaisir que vous vous serez donné dans celui-ci.

« Libre à vous de raisonner ainsi et de vous réveiller trop tard de votre somnolence et de votre paresse actuelles. Je vous ai plus d'une fois indiqué le moyen de lutter contre le vice et de vous en défaire en appelant à votre aide Celui qui nous sauve lorsque nous le lui demandons. Vous n'entendez pas de cette oreille ; la prière vous répugne comme une fatigue ; je ne puis discuter avec votre mauvais vouloir. Mais ce que je puis, c'est d'entrer dans votre raisonnement même et de vous battre avec vos propres armes.

« Vous convenez, mes bons amis, que l'habitude

de la boisson n'est pas précisément une vertu et qu'elle est punissable; mais vous vous refusez d'admettre qu'elle soit punissable à toute éternité. Eh bien, je suppose avec vous que Dieu se laisse fléchir par les prières des survivants et par votre repentir sincère; je suppose que vous ne demeuriez point dans les flammes éternelles. Croyez-vous donc que les flammes, même de courte durée, soient agréables?... Je veux parler des flammes que subira dans un autre monde notre corps transfiguré, celui dont parle l'apôtre saint Paul, et qui ne sera pas celui de notre terre, mais qui sera bien aussi une enveloppe de notre âme immortelle.

« Essayez donc — je ne puis vous parler que par voie de comparaison — essayez de faire subir à votre chétif corps d'ici-bas, seulement pendant une heure, le supplice du feu. Mettez, pendant un quart d'heure, le petit doigt de votre main gauche au-dessus d'un petit feu; voyons, pendant quelques minutes seulement, mettez votre petit doigt ou votre pouce au-dessus de la mèche allumée de votre lampe, et vous m'en donnerez des nouvelles. Ainsi des supplices, même passagers, dans un autre monde. »

C'est par des raisonnements de cette nature,

appropriés à la portée d'esprit de ses auditeurs, qu'Oberlin cherchait à lutter contre le vice, à déraciner une à une les mauvaises herbes qu'il rencontrait sur sa route. Les résultats n'étaient pas visibles à l'œil nu, du jour au lendemain; mais Dieu bénissait ses efforts; et comme la goutte d'eau permanente use la pierre et finit par y pénétrer et la dissoudre, Oberlin pénétrait dans ces cœurs de roche par sa vertueuse obstination; et ces caractères de fer se pliaient peu à peu sous le marteau que ce forgeron des âmes maniait du matin au soir, sans se décourager par la résistance que lui opposait le dur métal.

CHAPITRE VII.

Mariage d'Oberlin.

Une année, quinze mois de noviciat s'étaient écoulés; Oberlin commençait à se familiariser avec sa position; il avait passé un premier hiver dans cette demeure insuffisamment abritée contre la rigueur de la saison; mais sa santé, loin d'être altérée par les inévitables fatigues d'un ministère pareil, s'était fortifiée; il était endurci, cuirassé contre les variations atmosphériques; il n'éprouvait plus rien de ces malaises passagers auxquels il avait été parfois sujet dans l'air marécageux de sa ville natale. Il avait commencé par faire quelques embellissements dans le petit jardin attenant à la cure; il y avait établi une gloriette rustique pour y passer les rares soirées, où, pendant la chaude saison, l'air étouffé des petites chambres de la maison était insupportable; il tentait, dans ce petit coin de terre abrité, les premiers et timides essais d'acclimatation pour les arbres fruitiers de la plaine. Les devoirs que lui imposait son nouvel emploi, étaient si nombreux, qu'à la rigueur il ne pouvait s'apercevoir de la vie solitaire qu'il menait. Et cependant, il y avait des moments où il sentait son isolement absolu, au milieu d'une population avec laquelle il n'y avait point d'échange d'idées possible; lui, devait tout donner et ne rien recevoir. De loin en loin, il lui arrivait bien une visite de quelque membre de sa famille ou de quelque confrère; mais lorsque ces journées fugitives étaient passées, il ne retombait que plus avant dans le vide; et dans ces moments, il s'apercevait de l'absolue vérité d'un verset de la Bible: Il n'est pas bon que l'homme soit seul!

Mais, comment dans cette solitude arriver à faire le choix d'une compagne chrétienne, pour la vie, et pour quelle vie? pour une existence toute de renoncement, de privations de tout genre, pour une carrière, à deux il est vrai, mais hérissée de difficultés sans fin; sans secours dans les moments de grave maladie; dans les épreuves de famille, dans les éventualités imprévues, contre lesquelles il est possible de lutter dans les centres civilisés, mais qui rendent l'existence doublement difficile, lorsque parents, amis et aides intelligents se trouvent à une forte journée de distance. Comment engager une jeune femme, habituée à l'entourage d'une ville considérable, à venir s'enterrer au milieu de ces rustres, dont la plupart s'expliquaient à peine en français, et qu'il fallait lentement gagner à la civilisation et à la vie chrétienne? comment assumer la responsabilité d'une seconde existence, qu'il s'agirait de défendre contre les rigueurs de l'atmosphère hivernale, dans une pauvre maison, lorsqu'à deux pas de la cure, auprès de l'église du village, une pierre sépulcrale marquait la place où le pasteur Stuber avait, au moment de partir, enseveli son épouse, enlevée par ce rude climat?... Dans cette perplexité, Oberlin renonçait à faire un choix ou une tentative quelconque; il s'en remettait à la volonté de Dieu, qui se manifesterait sans doute à lui par un signe visible, pour le faire sortir en temps opportun de son isolement actuel.

Sur ces entrefaites, et dans le courant de l'été de 1768, une sœur d'Oberlin vint le voir, amenant avec elle une jeune cousine, Salomé Witter, une orpheline, fille d'un professeur de l'Université de Strasbourg. Le pasteur de Waldbach avait connu cette parente, mais sans éprouver pour elle autre chose qu'un attachement banal; encore la voyait-il avec des yeux peu prévenus en sa faveur; il lui trouvait des goûts mondains, des besoins de luxe — hélas! le luxe d'alors serait la pauvreté aujourd'hui! — et ce luxe, il le condamnait, car nous savons comme il avait réduit au plus strict nécessaire ses habitudes personnelles. D'une franchise peu agréable par moments, vis-à-vis de natures délicates, qui n'admettent la vérité qu'enveloppée d'un triple voile, Oberlin avait dû froisser plus d'une fois sa cousine; il avait dû lui apparaître sous les traits d'un mentor très-morose, dont une jeune fille peut endurer la vue en passant, mais dont elle ne voudrait ni pour frère, ni pour ami, et encore moins pour époux. Ainsi, Salomé Witter pouvait en toute sécurité venir prendre l'air, avec sa cousine, pendant quelque temps au presbytère de

Waldbach, sans risque d'attirer l'attention du pasteur absorbé par les devoirs journaliers, et parfaitement indifférent aux charmes de la fille orpheline d'un professeur strasbourgeois.

Ces journées de vacance s'étaient, en effet, passées pour elle et pour Oberlin dans le calme le plus absolu. On avait fait connaissance avec une cure délabrée, avec les ruines du château de la Roche, quelques fermes sur les hauteurs et le plateau tourbeux du Champ-du-Feu; la jeune fille allait repartir en apparence comme elle était venue, sans même emporter de ce séjour d'une semaine d'autre souvenir que quelques bruyères et fleurs sauvages; pour Fréderic Oberlin, pour sa sœur et leur cousine, ces huit jours allaient s'ajouter aux autres jours de l'année et s'y perdre, sans laisser plus de trace que le vent qui avait passé pendant ce temps sur les forêts de sapin, ou que le torrent de la vallée sur les cailloux de son lit mobile.

Dans l'âme d'Oberlin cependant une révolution intérieure paraissait s'être opérée, sans qu'il s'en doutât; car la veille même du départ projeté de sa sœur et de son amie, une pensée subite traversa l'esprit du jeune ermite. « Si c'était là, se dit-il, la compagne que Dieu te destine?... » Il refoula d'abord cette idée, presque comme un mouvement inspiré par le démon, dans l'intention de troubler le repos de sa solitude, et le détourner de ses occupations journalières. Mais quoi qu'il fît pour la chasser et la dompter, cette même pensée revenait, importune, avec l'obstination d'un pauvre qui frappe à la porte d'une demeure fermée, et ne se laisse point rebuter par un premier refus.

Oberlin prit la clef des champs et, cherchant une distraction salutaire dans une course forcée, il s'élança dans les sentiers de la montagne, qui s'élève entre Waldbach et Rothau, pour conférer sur une affaire paroissiale avec son collègue en résidence dans ce dernier village. Mais à l'aller et au retour, la même pensée le tourmentait, comme l'aiguillon d'une mouche qui s'attaque aux flancs d'un coursier impatienté.

A Rothau, il s'était dit : « Elle va passer ici demain pour retourner à Strasbourg ; tu ne peux pas la laisser partir, sans lui avoir parlé. »

En rentrant au presbytère, il courut, sans saluer ses deux hôtes féminins, s'enfermer dans sa chambre d'études, et, tombant à genoux, tout angoissé, il demanda au Seigneur de l'éclairer.

« Est-ce bien ta volonté, mon Dieu, que je

déclare mes intentions à Salomé?... est-ce la compagne que tu me destines? est-ce bien elle que je dois demander pour femme? »

La voix intérieure qu'il avait en plus d'une occasion déjà entendue et trouvée véridique et bonne conseillère, cette voix lui dit: « Oui, c'est Salomé Witter qui doit être la compagne chrétienne de ta vie. »

Oberlin descendit au jardin; il y trouva sa cousine assise sous le berceau qu'il venait de construire de ses mains, comme s'il avait eu le pressentiment de la joie ineffable qu'il allait y éprouver. — « Ma chère cousine, lui dit-il, je viens d'ouvrir mon âme à Dieu; je lui ai demandé de me venir en aide, et j'ai bien clairement entendu sa voix qui m'a dit de prendre courage et de vous demander si vous vouliez vous unir à moi dans les liens d'une union chrétienne? »

Salomé se couvrit les yeux d'une main pour cacher la rougeur qui inondait son gracieux visage, et elle tendit l'autre main à son cousin sans proférer une parole.

Le mariage fut célébré le 8 juillet suivant.

Dans la semaine qui suivit cette cérémonie chrétienne, semaine passée dans le silence et le recueillement, Oberlin dit à sa jeune épouse: «Ma chère Salomé, les nouveaux mariés passent ordinairement dans les plaisirs, les festins et les tournées de campagne, ce que l'on est convenu d'appeler la lune de miel; pour nous, ce doit être la lune d'épreuves. Voyons dès ce moment si nous suffisons à la tâche qui nous est donnée et que nous acceptons librement. Il vaut mieux prendre dès aujourd'hui le pli que nous devons garder; c'est la belle saison; c'est le moment de faire les visites lointaines pour bien connaître tous les sentiers qui conduisent chez les bûcherons et les censiers. Puis nous visiterons notre voisinage, maison par maison; il faut que le chef connaisse ses soldats, et la mère de famille tous ses enfants. Les enfants des pauvres, vous les adoptez, je pense; ils forment ici, vous le savez, la majorité. »

Ainsi, dès les premiers jours de leur mariage, ils commencèrent le rude métier d'inspection et d'enseignement. En épousant le pasteur du Ban-de-la-Roche, la jeune femme avait fait le serment tacite d'être de moitié avec son mari dans toutes ses tentatives de réforme morale au milieu de cette population abâtardie. Ils voulaient donner, à deux, l'exemple d'une union chrétienne, et amener, par l'attrait du bien et du bonheur domestique, la paix dans les ménages troublés par l'aigreur que la misère provoque. Lorsque ce jeune couple se présentait, souriant et placide, à la porte d'une cabane ou d'une hutte, c'étaient, en effet, deux figures d'anges qui apportaient un rayon de bonheur dans ces pauvres réduits. Leurs douces paroles résonnaient comme un accord de harpe auprès du grabat de la vieillesse décrépite et malade. Lorsque l'épouse d'Oberlin se penchait sur un rustique berceau avec le doux instinct de la maternité dont elle devinait toutes les peines, toutes les jouissances et tous les devoirs, l'enfant couché dans son pauvre berceau se sentait attiré vers cette seconde mère et lui tendait les bras. Partout où le jeune ménage passait, il laissait, en souvenir de sa venue, des versets bibliques, appropriés à l'état de l'âme des habitants, et partout aussi un modeste témoignage d'intérêt matériel: un objet d'habillement, une libéralité en comestibles envoyés de Strasbourg, le matériel pour soulager ou endormir des misères, hélas! trop sérieuses et trop vraies; la consolation spirituelle, la parole de vie, pour consacrer le don par le baptême du cœur.

Ils allaient ainsi, sur les hauteurs, aussi longtemps que les courtes semaines d'été et de septembre le permettaient; et pour qui les aurait vus, marchant dans les sentiers des prairies ou sur les bruyères, côtoyant les forêts en se tenant fraternellement par la main, cette apparition de deux êtres si saintement unis aurait ramené involontairement le spectateur vers l'époque des patriarches, lorsque Isaac et Rébecca, ou Jacob et Rachel se promenaient dans les campagnes de Canaan et remerciaient l'Éternel de ces journées de bonheur.

CHAPITRE VIII.
Premières années du mariage d'Oberlin.

Oberlin et sa jeune femme se seraient bien gardés d'oublier au sein de leur bonheur combien la vie la plus calme à la surface est sujette à de cruels revers, et combien la mort touche de près aux joies les plus légitimes. C'est dans ces premières années de mariage que le pasteur ramenait peut-être plus souvent qu'aux approches de la vieillesse les pensées de ses paroissiens et les siennes propres à cette idée d'une séparation possible, à cette idée des adieux, que la jeunesse et l'enfance même sont souvent obligés de faire à l'existence, au moment où l'exubérance de la vie bouillonne encore dans leurs veines.

Dans ces occasions, Oberlin trouvait toujours,

sous la main, des applications pratiques destinées à frapper vivement l'imagination de ses auditeurs et à faire pénétrer dans leurs cœurs les pensées et les résolutions sérieuses

Le voilà, par exemple, devant le cercueil d'une toute jeune fille, devant le cercueil de Sara, qui, « dans la fleur de son âge, saine et vigoureuse, les délices de sa mère, est là, entre quatre planches, pour y devenir la pâture des vers. »

...« Elle est née, continue le pasteur, en janvier 1757; trois jours après sa naissance elle a été reçue dans la communion des chrétiens par le baptême, dans cette alliance où l'on doit renoncer aux vanités de ce monde, et se dévouer à son Créateur et son Sauveur.

« Il y a peu de temps, les yeux de Sara s'étaient ouverts au salut; elle avait reconnu qu'elle était un enfant du monde; elle offrit son cœur à Dieu et chercha à devenir son enfant obéissant.

« Malheureusement pour elle, on ouvrit bientôt après des maisons de scandale, des maisons de danse; l'enfer ouvrit sa gueule à Bellefosse. Sara, pour son malheur, alla à Bellefosse, et voyant quelques filles plus âgées qu'elle livrées à la danse, elle ne put résister à la tentation de son cœur et de Satan; elle dansa.

« Cette fête infernale ne fut pas plutôt passée que Sara fut atteinte par le remords d'une conscience agitée et blessée. Triste état! retourner au monde, elle n'osait; sa conscience l'en empêchait; retourner à Dieu, elle était trop honteuse après avoir été infidèle. Elle n'eut pas le courage de me parler, quoiqu'il me semblât qu'elle me cherchait. Elle finit par confesser son infidélité, en rougit et eut du repentir; elle était dans la douleur de saint Pierre quand il eut renié son tendre Maître, et il sembla aussi que Jésus lui jeta des regards de pitié.

« Dans la nuit du samedi au dimanche, elle tomba malade, le lendemain elle perdit connaissance et expira, avant que je pusse lui parler, quatorze ans, jour par jour, après sa naissance.... Ah! la danse!.... c'est chose indifférente, pensez-vous?! demandez à une âme réveillée! et ne remettez pas votre conversion, car vous pourriez avoir un sort pareil à celui de Sara, sans maladie pour vous y préparer[1]. »

D'autres fois, Oberlin s'arrêtait à l'idée générale de la mort, de ce redoutable ennemi que nous

---

[1]. Je dois cet extrait d'un sermon funèbre à l'excellent article de M. Tallichet, inséré dans le *Chrétien évangélique*, année 1861, p. 6, 7.

avons à vaincre, de cet ennemi qui nous fait entrer dans un monde inconnu, et comparaître devant un juge de sainteté dont nous avons sans cesse abusé. « Saint Paul souhaitait la mort, mais
« lui pouvait s'écrier : Où est ton aiguillon ?... pour
« lui la mort était un ennemi terrassé ; saint Paul
« était un enfant de Dieu, et la mort affranchit les
« enfants de Dieu de toutes les misères de leurs
« corps. Pour eux, il n'y a plus que de la joie, et
« toujours de la joie[1]. »

Quant à la joie mondaine, Oberlin la poursuivait sous toutes ses formes; sur ce point il était inexorable. La danse, à ses yeux, était une voie de perdition.

Nous venons de voir Oberlin devant le cercueil de Sara et montrant le doigt de Dieu dans la mort précoce de cette pauvre enfant qui avait oublié un seul jour les préceptes du pasteur et s'était laissée aller, malgré la voix de sa conscience, à ce plaisir dangereux. — Quant aux cabaretiers qui font danser, il les poursuit presque de ses invectives; il affirme qu'il n'en voit jamais qui prospèrent; il est convaincu qu'ils se chargent de la malédiction divine. Et qu'on ne taxe point d'exa-

---

1. Tallichet, même ouvrage.

gération ce zèle du jeune pasteur. A l'entrée de sa carrière, il devait bien dessiner sa position et proclamer ses plans de réforme. — La rénovation générale qu'il projetait ne pouvait s'accomplir qu'autant qu'il attaquait en face son adversaire ; et cet adversaire, c'est bien l'amour effréné des plaisirs, qui, dans les campagnes les plus reculées, les plus pauvres, comme au sein des villes, dresse ses piéges à la jeunesse inexpérimentée.

« Sacrifiez à votre Sauveur, s'écriait-il, sacrifiez-lui ces plaisirs bruyants et échauffants, et fuyez ces maisons dangereuses. Pour peu que vous ayez des sentiments chrétiens, et si Satan ne possède pas encore toutes les parties de votre cœur, ce même cœur vous dira que ce ne sont pas là des maisons de Dieu, mais des maisons de perdition, des maisons de son adversaire, le diable, qui se sert de l'abus de la divine musique pour vous éloigner de Dieu, et de l'espérance de jouir un jour éternellement des musiques ravissantes du ciel.

« Je ne veux damner personne ; je suis seulement envoyé de Dieu pour travailler à votre salut ; mais, quant à moi, je ne voudrais pas danser un dimanche, et le dimanche suivant être porté dans une bière et descendre dans le sombre tombeau[1]. »

---

[1]. Tallichet, même ouvrage.

CHAPITRE IX.

Premières réformes d'Oberlin dans l'instruction publique. — Écoles de dimanche. — La Bible.

A l'entrée de la mauvaise saison, Oberlin et sa jeune femme organisèrent les premières soirées ou écoles de dimanche. Avant l'arrivée de Salomé à Waldbach, Oberlin avait déjà communiqué les éléments d'instruction primaire à quelques jeunes gens intelligents et de bonne volonté ; il formait des moniteurs pour transmettre de proche en proche, et par le seul attrait de la nouveauté, des connaissances élémentaires en botanique et dans les autres branches de l'histoire naturelle. Mais bientôt il s'aperçut que tout était à refaire sur ce terrain inculte, et qu'il fallait commencer par les petits avant de songer aux adultes.

Un patois informe était à peu près le seul langage du pays ; on y reconnaissait facilement une variété du dialecte lorrain ; au point de vue de la science du langage, de ce que les savants appellent la philologie comparée, la connaissance de ce patois n'était nullement dénuée d'intérêt. Mais Oberlin allait partout au plus pressé. Pour pouvoir propager la lecture de la Bible, d'ouvrages d'édification ou d'une utilité pratique, la première tentative à faire c'était d'enseigner les règles et les termes du bon français dans les écoles qu'il établit dans chaque village à l'aide de ses moniteurs.

Avec l'ingénieuse activité qui le caractérisait, il parvint à réunir les fonds nécessaires pour organiser ces rudiments d'école ; il fit venir des provisions de Bibles de la Société des missions de Bâle, et, une fois le goût de la lecture implanté chez les enfants, la curiosité d'abord, puis un peu d'émulation, puis le besoin plus noble d'instruction religieuse poussèrent les adultes et les générations plus avancées en âge à emprunter ou à acheter à prix réduit le livre des livres.

L'effet immanquable qui suit, en tout pays, et à tous les degrés de civilisation, la lecture et la méditation assidue de la Bible, ne tarda pas à se manifester. Une nouvelle vie, un sang nouveau semblaient s'infiltrer dans les veines appauvries des habitants des cinq villages. Les hommes récalcitrants renoncèrent à leurs habitudes de paresse ou d'ivrognerie ; les femmes qui avaient vécu ou végété dans la malpropreté, transformèrent l'intérieur de leurs cabanes par les soins de détail qui sont à la portée des plus pauvres, et qui peuvent, à la campagne surtout, assainir la demeure des plus humbles.

Tous ces changements ne furent pas, on le pense bien, l'œuvre d'un seul jour, d'un seul mois ou d'une seule année; mais l'impulsion était donnée, elle gagnait de proche en proche, et fort heureusement l'exemple du bien fait des partisans, des prosélytes aussi rapidement et irrésistiblement que se propage la contagion du mal. En ce sens, le règne millénaire et la Jérusalem céleste, transportés, établis sur terre, ne seraient nullement un rêve. Supposez un moment que sur beaucoup de points du globe il y eût des hommes doués et trempés comme Oberlin, et vous verriez un courant, en sens inverse du mal, s'établir insensiblement, irrésistiblement, et le paradis régner ici-bas.

L'épouse d'Oberlin ne pouvait évidemment pas assister son mari dans l'établissement et la surveillance des écoles de garçons; mais elle s'empara de son domaine naturel; elle réunit autour d'elle, dans les après-dînées des jours fériés, les jeunes filles de Waldbach, et leur enseigna les ouvrages de femme; elle établit de petits ateliers de tricotage et de couture, innovation inouïe, il y a tout à l'heure cent ans, au cœur des Vosges! Les éléments du chant sacré eurent leur place assignée dans ces soirées.

Les monitrices ou institutrices formées dans ces réunions du presbytère transmirent leur provision de savoir dans les villages annexes, qui furent entraînés, comme de petites étoiles satellites, à graviter autour de la paroisse-mère. Ici, comme pour l'enseignement des garçons et des adultes, l'émulation du bien gagnait journellement du terrain, et au bout de quelques lustres, la jeune génération métamorphosée avait réagi sur les parents. Même les personnes âgées ressentaient quelque chose de cet air nouveau, qui était venu souffler sur ce pauvre pays, et qui le retrempait à la vraie source de vie[1].

---

1. A mesure que l'instruction gagnait du terrain, Oberlin exigeait davantage ; il n'admettait plus à la confirmation et à la première communion que des enfants connaissant à la fois leurs devoirs religieux et les éléments de langue, de géographie, de calcul, d'histoire sacrée, enseignés dans les écoles. — Il était inexorable sous ce rapport, et il exigeait en outre que pendant un certain nombre d'années, après cette première communion, les adultes vinssent assister à l'enseignement religieux des enfants, y répéter leur catéchisme, et conserver intacts dans leur mémoire les préceptes de la morale religieuse. Les récalcitrants étaient mal notés ; et, comme Oberlin disposait, par certains encouragements, de moyens matériels pour attirer ses jeunes paroissiens à ces catéchisations, il parvenait à exercer sur eux une discipline jusqu'à leur majorité.

CHAPITRE X.

Oberlin réforme l'agriculture de son canton rural.

Oberlin ne se bornait point à agir sur les cœurs et les intelligences ; il voulait transformer le sol stérile du Ban-de-la-Roche. La vaine pâture ajoutait aux inconvénients de la configuration du terrain. Vous savez quelle coutume on désigne par ce terme de vaine pâture, lorsque les bestiaux, au lieu d'être élevés dans les étables, cherchent librement, dans les terrains non défrichés, et sur les champs en jachère, leur nourriture journalière. De nos jours, la loi est intervenue et a mis fin, du moins dans la plupart des départements, à ce pernicieux usage. Mais longtemps avant que l'on eût combattu légalement ce mode d'exploiter le sol non cultivé, Oberlin avait décidé ses paroissiens à renoncer à cet usage. Sous sa direction, ils transformèrent la terre aride ou perdue en prés naturels. Les sources, qui, à l'époque des fortes pluies ou de la fonte des neiges, ravageaient les pentes, furent condensées en rigoles. Alors on vit serpenter et murmurer le long des pentes et des ravins, ces purs filets d'eau qui venaient apporter un breuvage salutaire à des terrains arides, dont il avait fallu enlever, une à une, les pierres disséminées et les éclats de rocher. Oberlin avait fait des études d'arpentage et de mathématique, et savait niveler les terrains, aussi bien qu'un ingénieur civil. Peu à peu on vit des nappes de verdure recouvrir ce sol autrefois livré aux mauvaises herbes, au bois rabougri, aux broussailles, aux rochers, aux bestiaux et à l'action désolante des petits torrents de montagne. Le trèfle prit pied, grâce à des essais répétés; mais le terrain végétal, ce que l'agronome et le chimiste appellent *humus*, n'était pas suffisamment profond pour les racines pivotantes du sainfoin; il fallut renoncer à cette dernière culture.

Les pommes de terre, introduites au Ban-de-la-Roche, au commencement du dix-huitième siècle, avaient promptement dégénéré par l'absence de soins intelligents et assidus. Afin d'améliorer ce précieux tubercule, qui allait devenir un objet d'exportation et une ressource inespérée pour le Ban-de-la-Roche, Oberlin avait fait venir, à ses frais, de nouveaux semis de Hollande et de Suisse. Avec le coup d'œil et la prévision de l'agronome de génie, il avait deviné que le sol granitique de la vallée se prêterait à merveille à cette culture, dès qu'elle serait faite avec l'attention intéressée du père de famille. Oberlin enseigna à ses paroissiens l'art de ménager les moindres pouces de terrain propres à cette plante, et de décupler les produits par l'emploi judicieux de l'engrais déposé au fond de chaque fossette. Les tiges et les feuilles, desséchées sur place pendant l'hiver, et brûlées au printemps, servaient à engraisser les terres par les cendres.

A une année de culture de pommes de terre, succédait une année de lin ; car le pasteur avait doté son vallon chéri de cette plante, qu'il fit venir de Livonie. Encore en cette occasion il avait deviné juste ; le climat du Ban-de-la-Roche ressemblait, sous beaucoup de rapports, à celui des bords de la Baltique, et cette analogie devait amener quelque parenté entre les produits des deux pays.

Un essai qui d'abord ne réussit pas complétement, fut celui des arbres fruitiers, tels que les cerisiers, les noyers, les pommiers et les poiriers délicats. Dès les premières années de son séjour à Waldbach, Oberlin avait établi avec des soins minutieux une pépinière dans les champs qui avoisinaient sa demeure ; il aimait les forêts, mais encore plus l'ombrage des arbres utiles. A chacun de ses jeunes paroissiens il imposait l'obligation de planter deux arbres fruitiers le jour de sa première communion, ou pour la fête de son mariage ou la cérémonie du baptême d'un enfant. L'inclémence des hivers ne permit jamais de donner aux vergers un grand développement, surtout dans la partie supérieure de la vallée. Il fallut se contenter de propager les fruits communs et cultiver en abondance la pomme de terre substantielle. Bientôt ce produit succulent et nourricier du Ban-de-la-Roche obtint sur les marchés de Strasbourg un succès mérité; il acquit peu à peu une prépondérance marquée sur les pommes de terre de la plaine; cette supériorité, il l'a gardée jusqu'à nos jours.

Le système des engrais occupait, on le pense bien, une large part dans les améliorations agricoles, introduites par Oberlin. Ici, comme en toute chose, il avait joint l'exemple au précepte, en creusant, auprès de ses étables, des fosses pour servir de réservoirs ou de citernes, et en prouvant, par ses propres champs et par son jardin, bonifiés par le fumier et le purin, quel profit le cultivateur peut tirer des bestiaux lorsqu'on les retient dans leur enclos.

Ses paroissiens manquaient d'instruments aratoires; il en établit un magasin, et en délivrait à crédit, jusqu'à ce que l'emprunteur fût en état de s'acquitter de sa petite dette, par la rentrée de la récolte ou la vente d'une partie de ses jeunes bestiaux. Dans le même but, et pour détruire ou prévenir l'usure, il avait fondé une petite caisse d'emprunt, qui servait dans les moments de gêne à secourir les habitants les plus nécessiteux; mais toujours à charge par eux de s'acquitter à l'époque fixée. Le pasteur, bien entendu, ne prenait pas un sou d'intérêt; mais il n'aimait pas les emprunteurs de mauvaise foi; il ne prêtait plus à ceux qui le trompaient. Assister le travail, décourager les fainéants et les vicieux, voilà quelle était sa devise.

CHAPITRE XI.

Oberlin crée des chemins vicinaux.

Dans ses procédés d'éducation agronomique et morale, le pasteur de Waldbach nous rappelle les pères jésuites du Paraguay. Comme eux, il exerçait une influence magique sur les âmes que Dieu lui avait confiées; comme eux, il imprimait à ses ouailles une irrésistible impulsion. Il obtenait d'elles des corvées que ni intendant d'Alsace, ni seigneur de village n'aurait osé provoquer. Pour donner un écoulement aux produits du sol, et pour faciliter l'arrivage des approvisionnements qui manquaient à ces hameaux, la première chose à faire, c'était de créer des chemins de communication à travers ces terrains accidentés et rocailleux. Le pasteur Oberlin accomplit ce miracle sans secours gouvernemental; il se fit à la fois ingénieur et pionnier; il traça la route vicinale qui devait relier son vallon à la grande vallée de la Bruche; et comme il avait l'habitude de faire, il communiqua ses projets à ses paroissiens dans un sermon.

Pour le coup, ce fut un cri de réprobation qui partit de cette réunion: « Décidément, notre pasteur veut nous fatiguer et user de nous comme de bêtes de somme; il perd la tête. » — Les plus doux et les plus attachés à Oberlin n'osèrent prendre sa défense; ils baissaient les yeux quand il leur parlait de ce projet «insensé,» que l'intendant d'Alsace lui-même ne voudrait entreprendre.

Oberlin laissa passer le premier orage; quant à lui, il ne baissait point la tête: il avait l'habitude de regarder les difficultés en face. Lorsqu'il crut que les esprits étaient un peu apaisés et revenus de leur premier émoi, il reprit son sujet dans un second sermon, en prêchant sur le texte: «Aplanissez les voies devant le Seigneur. » Les sermons d'Oberlin prenaient, dans ces occasions, la tournure d'un entretien familier, de ce que l'on est convenu, en termes de théologie, d'appeler une homélie. C'était un père qui parlait à ses enfants ; un frère aîné qui s'adressait à ses frères et sœurs moins expérimentés et moins clairvoyants que lui. Il parlait d'un ton d'autorité, mitigé par une affection tellement sincère, tellement profonde, que chacune de ses paroles allait à l'oreille de ses auditeurs comme la note mélodieuse d'un chant sacré. Dans ces moments-là, il n'y avait point de cœur qui restât fermé ; la conviction entrait dans les esprits et les âmes, on ne savait par quelle porte et par quels moyens.

«Mes amis, leur avait-il dit en cette occasion, vous vivez à Waldbach, à Fouday et dans les trois autres villages ni plus ni moins que si vous étiez relégués au haut du Champ-du-Feu, enterrés dans les tourbières ou dans les hautes forêts du Climont, d'où la Bruche vient en bondissant vers nous. Vous commencez à être un peu moins têtus que lors de mon entrée en fonctions dans votre vallée ; vous avez reconnu qu'avec des soins notre terre rocailleuse pouvait donner autre chose que de l'avoine ou du seigle ; que, à côté du pourceau, vous pouviez nourrir quelques vaches — et vos vaches maintenant sont magnifiques et tenues comme des princesses, soit dit sans vous flatter — vous buvez maintenant du bon lait, du meilleur lait que les plus riches habitants de Strasbourg ne s'en procurent à prix d'argent; vous reconnaissez que vos pommes de terre ne sont plus ce qu'elles étaient avant mon arrivée chez vous; vous devriez avoir quelque confiance en moi lorsque je vous dis: « Le temps est venu d'aplanir les voies devant le Seigneur. » Oui, avec son aide, il vous reste à essayer d'entrer en relations plus suivies avec vos frères en Jésus-Christ qui habitent dans la grande vallée de la Bruche et au delà, dans l'immense plaine, où l'Ill va se jeter dans le Rhin majestueux. Le temps n'est pas loin où vous pourrez échanger le produit de vos champs et de vos prairies contre les produits de cette belle plaine d'Alsace. Vos pommes de terre, croyez-moi, se transformeront en blé, en vêtements de laine pour vos hivers si rudes, en instruments de métier et de labour, en vitrages pour vos cabanes, en chaude literie pour remplacer vos insuffisants grabats; et ce miracle s'opérera du jour où vous aurez ouvert des chemins de communication entre le haut de notre vallée et la bourgade de Rothau.

Le jour où vous toucherez à Rothau sera une journée de salut. Votre dénûment et votre pauvreté feront place au bien-être; vous aurez aplani les chemins devant la volonté du Très-Haut, qui vous parle par ma bouche faible, mais véridique; je ne suis que son fidèle porte-voix; et le Seigneur rapportera dans vos humbles demeures sa visible bénédiction. Croyez-moi, les jours que je vous annonce sont proches; le soleil printanier qui jette en ce moment ses bienfaisants rayons sur la terre humide et qui pénètre dans cette maison de Dieu, ce soleil n'est pas un messager plus certain de l'été qui va suivre que mes paroles ne sont les messagers de la grâce divine. »

Les paroissiens d'Oberlin sortirent émus du petit temple villageois qui, depuis 1740, élevait son modeste clocher bien au-dessus des maisonnettes de Waldbach; ils sortirent émus, mais non convaincus; car il fallait mettre la main à la pioche, prendre des heures sur des journées de labeur déjà remplies et rudes. Et il y a loin d'une émotion, même profonde, à un seul acte; il y a tout un abîme entre la pensée, entre le désir, entre l'aspiration — et les œuvres.

Oberlin se mit à l'œuvre tout seul avec son fidèle valet de labour. Il connaissait déjà ses paroissiens à fond. Lorsqu'il s'était agi des premiers essais d'amélioration en fait de culture, il avait pris les devants, sans trop insister, une fois que des paroles avaient été dites et des préceptes donnés. Son jardin était en vue de tout le village; il y avait planté ses arbres dans des fossettes, où il avait eu le soin d'apporter en plein jour un terrain de choix. En hiver, il avait garanti chaque exemplaire de sa jeune plantation à l'aide d'enveloppes de paille et de laine. Au vu de tout le monde, il avait procédé à sa première plantation de pommes de terre et de lin; des produits abondants et exquis avaient convaincu les rebelles et ouvert les yeux aux moins clairvoyants. Pour le chemin vicinal qu'il prétendait établir, il usa donc du même moyen; il se mit à travailler à l'entrée du village, sans chercher à faire des prosélytes ni à gagner des aides. Lorsqu'on vit, au bout d'un mois, que quatre bras vaillants avaient élargi, aplani un petit bout de chemin, les partisans les plus proches d'Oberlin sentirent la rougeur monter à leur front; ils se reprochèrent leur inaction en face du pasteur qui se fatiguait seul comme le dernier des journaliers pour créer une voie qui devait servir finalement non à lui seul, mais à la communauté. Un petit groupe de travailleurs bénévoles se forma autour de lui; et comme la pelote de neige se fait avalanche, le groupe primitif grossit insensiblement; mais tandis que l'avalanche porte avec elle l'effroi et la désolation, ces cantonniers, ces pionniers villageois, enrégimentés sous la bannière de l'homme de Dieu, préparaient avec leurs brouettes la voie à l'échange pacifique des produits de la terre; ouvriers du Très-Haut, ils faisaient une œuvre de paix, et, comme le pasteur le leur avait prédit, le Ciel leur versa les meilleures de ses bénédictions.

Électrisés par l'exemple d'Oberlin, confondus par son abnégation héroïque, ils vinrent tous lui offrir leur assistance; bientôt il put, à la tête de deux cents travailleurs bénévoles, frayer, niveler, terminer le chemin projeté; il put faire sauter des rocs, construire des murs de soutènement, jeter, vis-à-vis de Rothau, un pont sur la Bruche, et au bout de deux années de labeur soutenu, voir les chariots rouler sur une petite chaussée unie, à pentes douces, dans les mêmes localités où des sentiers raides conduisaient naguère de hameau à hameau, et où pendant quatre à cinq mois de l'année la neige effaçait toute trace du passage des hommes.

Je ne puis cacher que, pendant la durée même

des travaux, il avait été soumis à une rude épreuve. L'un de ces ouvriers bénévoles, qui s'était rendu au travail de la chaussée, sans que son tour fût venu, y avait été frappé et écrasé par un éclat de rocher. Une grande rumeur s'éleva parmi les travailleurs jeunes et vieux; ils crurent y voir la main de Dieu qui ne voulait point la poursuite de cette entreprise, ou qui punissait du moins le travailleur trop zélé. Oberlin saisit le moment des funérailles, pour lutter contre ce préjugé superstitieux. « Mes amis, dit-il, je ne chercherai pas à tarir les larmes d'une veuve désolée et de pauvres orphelins; mais Dieu leur prodiguera ses consolations au milieu même du malheur qui les frappe. Quant à moi, j'aimerais mieux mourir dans l'accomplissement d'un devoir, librement accepté, que dans mon lit. C'est Dieu lui-même qui avait fixé le jour où il comptait appeler à lui notre frère; et il l'aurait bien trouvé et frappé dans sa maison, aussi bien que sur le chemin que le défunt nous aidait à frayer.

« J'entends dire que sa veuve se désespère d'avoir laissé partir son mari pour cette corvée, et de ne pas l'avoir retenu à la maison, au lieu de l'encourager à se rendre, hors de tour, auprès de nous. Oh! que la pauvre, pauvre femme se rassure! mari et femme doivent s'encourager mutuellement à faire leur devoir. Et nous, mes amis, persévérons dans l'œuvre entreprise, et honorons la mémoire de notre frère, qui est mort à son poste comme un soldat sur le champ d'honneur.»

Certes, rien de plus étonnant que ce modeste chemin vicinal de quelques kilomètres de longueur, construit sous la direction d'un ecclésiastique alors très-ignoré, sans secours de l'État ou du département, au seul appel d'une voix éloquente et désintéressée; rien de plus méritoire que cette petite route creusée dans le roc, par la même main qui, le jour du Seigneur, s'ouvrait pour bénir les ouvriers gratuits.

Le pont jeté près de Rothau sur le torrent, par cet architecte improvisé, fut appelé à juste titre « le pont de charité »; il a sans doute sauvé les jours de plus d'un piéton, car on passait, avant que cette construction fût faite, sur des planches mal jointes, et, pendant la crue des eaux, les communications étaient totalement interrompues.

De nos jours, nous voyons s'accomplir, dans les travaux publics, de vrais prodiges; maintenant l'on perfore des montagnes, on comble des ravins profonds; à l'aide de hardis viaducs on s'élance du bord d'un vallon à l'autre ; aux yeux de la foule les timides essais, les tâtonnements d'un pauvre pasteur doivent paraître moins que des jeux d'enfants. Mais peut-être un homme de l'art impartial en jugera-t-il différemment, et s'inclinera-t-il avec respect devant le nom et le souvenir d'un homme de bien, qui, par la seule force de sa volonté et de quelques centaines de bras dévoués, avait obtenu, en peu de temps, ces étonnants résultats.

Oberlin avait donc peu à peu changé l'aspect extérieur, matériel de sa paroisse. A la vaine pâture, aux jachères, à quelques maigres sillons de seigle et d'avoine, il avait substitué des tapis de verdure ; la tige de lin se balançait à côté du champ de trèfle ou des solanées. — A la place des huttes enfumées, ensevelies dans les ravins ou les crevasses du sol, il avait fait élever des cabanes, et à la place des cabanes, peu à peu des maisons rustiques. Aux expositions humides avaient succédé des emplacements salubres ; sous ces demeures dont la propreté touchait presqu'à l'élégance, il avait fait creuser des caves, où, pendant les hivers les plus froids, la pomme de terre était abritée. Autour de ces maisonnettes, quelques pouces de terrain restaient consacrés à la culture des fleurs; et, ce qui valait mieux encore, de ces cabanes sortaient à la place des sauvages d'autrefois, des femmes décemment habillées, des hommes au maintien satisfaisant, des enfants qui présentaient au passant leurs petites mains, non pour mendier, mais pour demander une caresse amicale.

CHAPITRE XII.

Oberlin continue à améliorer les écoles. — Salles d'asile, etc.

L'agriculture moralise certainement; mais à elle seule, elle n'aurait point produit, même après trente ans d'efforts, un changement aussi radical dans l'aspect de toute une population. Oberlin était non-seulement agronome; il était avant tout — nous le savons déjà — un excellent instructeur et pédagogue. C'est par la fondation des salles d'asile et des écoles primaires, qu'il a réformé de fond en comble sa paroisse.

Je ne puis assez insister sur ce point de son activité; j'y reviendrai encore.

Oberlin avait commencé, avec des ressources improvisées, à construire des maisons d'école spacieuses à la place des réduits infects, où l'on entassait les enfants avant son arrivée; puis il composa ou fit composer des livres élémentaires; il forma des maîtres et des directrices.

Nous verrons plus tard comment, dans la seconde partie de sa laborieuse existence, il fut soutenu par une simple paysanne, inspirée par lui et par Celui d'où part la source de toute bonne pensée et de toute bonne volonté.

Le but d'Oberlin était bien nettement formulé dans son esprit; il voulait que les enfants de ses paroissiens reçussent une éducation à la fois agricole et religieuse. Dès leur âge le plus tendre, il voulait les familiariser avec leur état futur, leur faire aimer cette existence cachée au fond des montagnes, et leur apprendre à bénir leur Créateur dans ses œuvres. Les élèves les plus jeunes, réunis sous la tutelle des directrices, passaient les heures de classes à tricoter, à coudre, à éplucher du coton sec; car Oberlin avait introduit, à côté du travail agricole, la filature à la main pour occuper les veillées d'hiver. On présentait à ces petits êtres des plantes usagères, soit dans un herbier, soit en peinture, en leur enseignant le nom et les qualités de ces fleurs ou des herbages, qu'ils étaient tenus de reconnaître ensuite pendant leurs promenades. Faut-il ajouter que cette botanique élémentaire tournait au profit du développement moral et religieux de ces enfants, qui chantaient en commun les louanges de Dieu? Leur plus grand bonheur consistait à recevoir, les dimanches, une parole d'encouragement de leur père Oberlin.

L'instruction donnée dans les écoles du Ban-de-la-Roche aux enfants qui approchaient de l'adolescence, ressemblait à celle de nos écoles primaires; seulement elle était plus pratique: elle donnait peu aux règles abstraites; elle voulait de préférence préparer ces fils de paysan à la vie du bûcheron, de l'artisan, du journalier; elle inspirait l'amour de la nature, au sein de laquelle ces élèves étaient appelés à vivre; elle les appliquait à tracer à la main de petites cartes géographiques, ébauches imparfaites et raides, mais suffisantes pour leur faire connaître les pays situés au delà de l'étroit horizon de leurs montagnes. C'était agrandir le cercle où ils vivaient; on donnait aux caractères un peu aventureux le désir de voir ce vaste monde extérieur, soit comme artisans, soit comme soldats. Oberlin ne craignait pas le contact du monde extérieur pour ses élèves; on les avait cuirassés contre le vice et ses tentations par les préceptes d'une morale austère et d'une foi vive. Les paysannes du Ban-de-la-Roche qui arrivaient comme servantes à Strasbourg, y étaient très-recherchées par les familles patriarcales et bourgeoises, pour leur probité, leur douceur, la pureté de leurs mœurs; longtemps elles ont porté un témoignage vivant en faveur des préceptes puisés à l'école d'Oberlin. En rentrant chez elles, avec leurs économies lentement acquises, ces braves filles retrouvaient dans leurs chalets et au pied de leurs autels rustiques un asile pour leurs vieux jours, qu'aucun remords ne venait troubler. Souvent aussi elles trouvaient de braves maris. Oberlin, en toute circonstance, prêchait le mariage, dès qu'un garçon ou qu'une fille pouvait espérer, par le travail de ses mains et à l'aide de ses premières économies, suffire à un modeste établissement. Dans la sainteté d'un mariage chrétien, il voyait la barrière la plus solide contre tout désordre, contre le cabaret, le jeu et les mœurs mauvaises. Sous ce rapport, ses convictions étaient si bien arrêtées qu'il exhortait les parents à ne pas s'opposer d'une manière trop absolue, trop rigoureuse aux mariages de leurs fils, même dans les cas où ils verraient que le choix de ces jeunes gens ne tombait pas sur une fille d'un caractère accompli. « Il vaut mieux, leur disait-il, que vos fils aient des femmes méchantes, que de vivre dans le vice. »

Aux garçons, il recommandait de choisir des filles obéissant à leurs parents. L'on devine facilement pourquoi il insistait sur cette qualité, car, leur disait-il, si la fille n'a pas pratiqué la vertu et l'obéissance vis-à-vis de ses père et mère, comment pouvez-vous espérer qu'elle vous sacrifiera ses goûts et les habitudes contractées dans la maison paternelle?

Aux filles, il leur disait de ne prendre pour maris que des garçons rangés, laborieux, observateurs des préceptes du catéchisme et animés de cet esprit de douceur et de fermeté, qui sert à la femme d'appui et de consolation dans les mauvais jours.

Oberlin comptait sur l'appui visible et immanquable de Dieu pour les bons ménages, et regardait les enfants comme la plus évidente bénédiction du ciel. — Sur ces petits êtres, il exerçait une action irrésistible; ils allaient à lui, parce qu'il portait écrite sur son front la parole de son divin Maître : Laissez venir à moi les petits enfants, car le royaume des cieux est à ceux qui leur ressemblent.

Rien de plus pénétrant que les paroles qu'il trouvait dans son cœur, lorsqu'un de ces pauvres petits était étendu dans un cercueil; il savait bien qu'il l'envoyait à ses frères aînés, dans ce royaume d'en haut, dont parle le Sauveur; la prière d'Oberlin, sans avoir le pouvoir magique de sécher les larmes des mères, enlevait à l'effusion de leur douleur toute trace d'amertume.

CHAPITRE XIII.
Oberlin donne un asile au poëte Lenz.

En été, la solitude d'Oberlin commençait à être envahie par ses parents et ses amis. A Strasbourg, en Alsace, en Suisse, le renom de son actif apostolat s'était répandu ; et quoiqu'il ne fût qu'au début de sa longue et féconde carrière, ces vertus qui transformaient tout un canton rural, trouvaient des encouragements chez quelques hommes chrétiens, parfaitement en état de mesurer le chemin parcouru par le pasteur de Waldbach, et de calculer les pierres et les rochers, dont il avait fallu désencombrer cette route difficile. En hiver, c'était chose plus rare d'entendre une main amie frapper à la porte de cet humble presbytère, où régnait, à côté d'une stricte et intelligente économie, la plus aimable hospitalité.

Oberlin fut donc bien étonné, lorsqu'il vit entrer chez lui, par une froide et neigeuse journée de janvier (c'était en 1778) un homme, jeune encore, mais avec des traits amaigris, et portant sur son extérieur, les traces d'une très-longue course, de violentes fatigues physiques et morales. Les vêtements de ce voyageur étaient usés jusqu'à la corde; ils tenaient le milieu entre la mode des villes et celle des ouvriers-compagnons, qui vont chercher de l'ouvrage et frapper aux portes charitables, pour se sustenter en route. Il traînait un pied ensanglanté; et sa chaussure trahissait le passage des montagnes hivernales. Oberlin le regarda d'un œil doux et compatissant; mais ce regard charitable n'excluait pas l'examen et l'observation. — « Qui êtes-vous, mon cher ami? lui dit-il, d'où venez-vous, par ce temps de neige, au fond de nos montagnes?

— Je vous apporte les compliments de votre ami Kauffmann de Winterthur, lui répondit le pauvre étranger; je suis un candidat en théologie, Livonien, mais connu à Strasbourg... je viens de là-haut, ajouta-t-il, en montrant la direction du Champ-du-Feu.

— Bonté du ciel! s'écria le pasteur: dans cette saison, seul, sans guide?...

— Oh! je n'étais pas seul.... j'étais avec mes pensées, et ce sont de mauvais compagnons.

— Je comprends, mon ami; vous avez beaucoup souffert....

— Oh! beaucoup! beaucoup!... j'ai faim, j'ai froid; j'ai l'esprit troublé. » Et en disant ces derniers mots, le pauvre jeune homme se frappait le front, comme s'il avait été pris par le délire de la fièvre ou de la folie.

« Rassurez-vous! calmez-vous! vous connaissez comme moi Celui qui a plus souffert que nous tous, pour nous tous et qui peut nous donner sa paix, si nous la lui demandons avec confiance. Venez, rassasiez-vous avant tout; le vent du nord vous a saisi; vous étiez un homme perdu, si la soirée vous avait surpris dans la solitude des sapins ou des tourbières. »

Et Oberlin posa de sa main, sur la table de chêne, devant ce malheureux affamé, le pain et le vin généreux qui réconforte, et qui était réservé, dans la cure, pour des cas rares comme remède, ou comme gage d'hospitalité.

« Vous vous nommez? lui demanda-t-il, tout en continuant à mettre devant lui les réserves du garde-manger, qui étaient dévorées en un clin d'œil. Vous vous nommez?

— Gotthold Lenz.

— Ah! vous avez écrit. Je ne lis plus rien; mais mon frère m'a parlé de vous.

— Oui, j'ai eu le malheur d'écrire, dit Lenz;

mais je vous prie de ne pas me juger là-dessus. Le professeur Oberlin n'a pas dû vous dire beaucoup de bien de mes élucubrations.

— Je ne m'en souviens pas, en vérité, répliqua le pasteur, sans la moindre arrière-pensée de critique ou d'ironie. — Il me semble que vous êtes aussi blessé du pied ; vous traînez la patte comme un oiseau malade.

— En effet, Monsieur le pasteur : je ressemble à la grue, qui va chercher en hiver de meilleurs climats et qui est frappée en route par le plomb du chasseur insouciant.

— Eh bien, nous allons guérir votre pied malade. »

La jeune femme d'Oberlin, qui était enceinte de son troisième ou quatrième enfant, et qui avait elle-même besoin des plus grands ménagements, la jeune femme d'Oberlin s'appliqua, comme son mari, à prodiguer des soins intelligents au pèlerin harassé. Le pasteur-chirurgien ne trouva point de lésion majeure ; mais il ne pouvait être question de laisser repartir ce malheureux qui arrivait conduit par une dernière lueur de sa bonne étoile dans une demeure où les préceptes de l'Évangile à l'endroit des pauvres et des affligés étaient suivis à la lettre. Un repos forcé était commandé à Lenz, indépendamment des rigueurs du ciel, qui tournait en ce moment au froid le plus vif; un vent sec balayait les nuages, et à la neige succédait une atmosphère pure, qui gelait la moelle dans les os.

Le pauvre Livonien, peu à peu réchauffé dans la tiède atmosphère de la chambre commune, répondait par une amabilité et par une courtoisie natives aux prévenances de ses hôtes. L'ahurissement où il s'était trouvé au moment de sa première entrée, était tout à fait dissipé ; le trouble avait même fait place à une gaieté trop expansive, et que le pasteur se crut obligé de réprimer doucement, quoiqu'il tînt compte, pour l'expliquer et l'excuser, du passage subit d'une température froide à la chaleur excessive du poêle. La modération et l'équilibre de toutes les facultés faisaient si bien le fond du caractère d'Oberlin, qu'il tâchait, par l'influence irrésistible qu'il exerçait sur les esprits, de communiquer à son entourage les mêmes qualités ou la même situation d'âme, dont il ressentait, pour lui-même, journellement, le baume bienfaisant.

Dans cette longue soirée d'hiver, qui formait la clôture de son jour d'arrivée, Lenz, comme pour s'acquitter d'une partie de la dette qu'il contractait, dessinait dans l'album du pasteur des figures et des costumes de paysans livoniens, esthoniens, courlandais; par des commentaires pleins d'esprit il rehaussait la valeur de ces esquisses. Il caressait avec une effusion touchante les enfants de la maison, et lorsque vint le moment de la prière, il y prit une part si sincère, des larmes si abondantes de reconnaissance roulaient le long de ses joues creusées par les soucis et les angoisses de la faim, que toute la maison s'intéressa, de suite, affectueusement à cet « Allemand du Nord, » qui semblait avoir retrouvé ici une seconde patrie, une véritable maison paternelle.

La maison curiale, toutefois, était trop étroite pour y offrir un gîte à l'étranger, à côté de la couvée d'enfants et au milieu des domestiques. Oberlin avait fait dresser un lit dans la maison d'école située vis-à-vis du presbytère, et séparée de cette demeure principale par une cour assez vaste dont le milieu était occupé par une de ces fontaines à tuyau de fer, qui égayent, en été, par le murmure et la limpidité de leurs eaux, les rues de nos villages des montagnes. En ce moment, un maigre filet d'eau s'échappait du conduit; et le réservoir de granit, taillé en forme de baignoire, était recouvert d'une épaisse couche de glace.

En traversant vers neuf heures du soir cette cour, balayée par un violent vent du nord, Lenz fut pour ainsi dire immédiatement repris du démon qui l'avait obsédé, lorsqu'il aborda pour la première fois le pasteur. — Cette bise, ce linceul de neige qui recouvrait les toits de chaume, les arbres des vergers et la pente des montagnes, ces étoiles qui reluisaient dans le ciel nocturne, mais dont le reflet semblait amorti par les paillettes glacées qui flottaient dans l'atmosphère, tous ces symptômes d'une nature morte pour longtemps aux douces influences de la chaleur réagirent avec une désespérante promptitude sur cet esprit malade; il n'avait point atteint son lit qu'un trouble étrange s'empara de toutes ses facultés.

En vain il essaya de lutter contre cette fatale et démoniaque influence. Le froid, par une réaction qui semblait une véritable ironie du délire, produisit sur ses nerfs agacés l'effet d'une fièvre chaude intense. Hors de la présence du pasteur, dont le coup d'œil commandait le respect, la confiance, l'abandon et le calme, Lenz, livré à lui-même, se voyait de nouveau sur la grande route ou dans ces vastes solitudes des Vosges, où il avait failli succomber à toutes les horreurs de la faim et du froid. Pendant deux ou trois heures, il lutta seul avec ses pensées désespérantes qui venaient fondre sur lui comme une légion de démons en chair et en os; il essaya de s'agenouiller et de prier, mais des ricanements d'enfer sortaient du plafond et des murs de la chambre; et ne prenant plus conseil que de son désespoir, il s'arrêta tout à coup à une résolution étrange, où le burlesque donnait la main au tragique. C'était la résolution d'un fou. Lenz l'était en effet.

Il jette là presque tous ses vêtements, descend à tâtons l'escalier, ouvre doucement, avec la ruse toute particulière des insensés, la porte d'entrée, pour ne pas donner l'éveil dans la maison d'école, et se précipite vers la fontaine glacée. A coups redoublés, il cherche à en briser les glaçons, faisant usage de celui de ses pieds qui n'était pas enveloppé de bandages. Puis, s'étant ainsi préparé un lit ou une baignoire naturelle dans le réservoir, il s'y couche pour calmer la chaleur intense dont il se croit dévoré.

Ce bruit étrange a fini par réveiller le maître d'école; il ouvre la croisée de sa chambre et, à la fois stupéfait et irrité, il crie d'une voix de Stentor: « Que faites-vous donc là? au nom du ciel! vous êtes fou! un bain d'eau glacée en ce moment! voulez-vous bien vite rentrer dans votre lit! »

Je ne répondrais pas que le brave instituteur n'ait accompagné son avertissement de quelques jurons qui d'habitude, et surtout en présence du pasteur, n'étaient certainement pas admis dans son vocabulaire familier. Mais Lenz n'écoutait plus ou n'entendait point; il continuait à prendre ses ébats dans le réservoir de la fontaine. Le maître d'école, à demi vêtu et saisi d'effroi, ne songeait qu'à prévenir un scandale, à sauver une scène de terreur à la jeune mère de la maison pastorale; il sort et s'apprête à mettre la main sur le baigneur, lorsque Oberlin lui-même, réveillé en sursaut par le craquement des glaçons et les invectives de l'instituteur, arrive sur place et, par sa seule présence, effectue ce que ce dernier n'avait pu obtenir ni par des menaces, ni par les voies de fait auxquelles il commençait à s'abandonner. Lenz, à la vue d'Oberlin, fut décontenancé; honteux comme un écolier pris en flagrant délit de mensonge et de vol, il se laissa reconduire, sans réplique et sans résistance, dans la couche qu'il venait de quitter si malencontreusement.

On eut toutes les peines du monde à le réchauffer, à remettre la ligature du pied malade. Le maître d'école veilla auprès de lui le reste de la nuit; mais il n'en était plus besoin; Lenz s'était endormi du sommeil du juste; les fantômes qui le poursuivaient l'avaient quitté après ce violent ébranlement, et sur sa figure calmée revenait, avec l'expression de la fatigue, un aimable sourire. L'ange protecteur de son enfance, évoqué à la vue et à la voix d'Oberlin, reprenait encore une fois possession de son ancien domaine, et les démons de l'enfer retournaient dans l'abîme qui les avait vomis.

Le lendemain de cette journée d'angoisse et de cette nuit de délire fut pour Lenz et pour son charitable patron un vrai jour de fête. Chez le jeune étranger, plus de trace de sa folle équipée; rien qu'une grande fatigue et un pied endolori; chez Oberlin, le bonheur, la satisfaction d'avoir arraché au désespoir un pauvre naufragé. Oberlin, en s'entretenant avec Lenz, ne put découvrir la moindre trace d'une absence d'esprit. Il attribua, sans hésiter, à des habitudes russes et à la surexcitation de la fatigue cette subite manie de Lenz, de se plonger dans l'eau glacée. Dans la conversation charmante du poëte livonien, le pasteur, quoiqu'il fût demeuré étranger à la littérature allemande contemporaine, fut obligé de reconnaître un esprit d'une grande originalité, une imagination un peu vagabonde, primesautière, mais, au total, dirigeant sa course à travers des régions que, à la rigueur, un homme de bon sens pouvait bien aborder avec elle; de plus, une sensibilité exquise un peu maladive; des bizarreries, des excentricités se mêlant aux pensées les plus délicates, mais une intelligence hors ligne, un cœur excellent, naïf, plein d'abandon. Bref, Oberlin et sa famille s'attachèrent à cet hôte étranger qui semblait leur tomber des nues, ou, dans leur langage et dans leur conviction chrétienne, leur semblait envoyé du ciel pour être sauvé de la mort physique et morale.

CHAPITRE XIV.

Ce qu'était Lenz. — Sa folie. — Dévouement d'Oberlin.

Il faut bien maintenant que je dise en quelques mots ce qu'était Lenz avant d'arriver dans la demeure d'Oberlin. Ceci me conduit aussi à rappeler ce qu'était Strasbourg vers la même époque[1].

Lenz était venu dans cette ville universitaire en 1770, âgé de vingt ans à peine, comme précep-

---

1. L'auteur de la présente biographie a déjà traité le même sujet, à deux reprises différentes, et à plus de vingt ans de distance; mais les lecteurs d'*Oberlin* ne sont point tenus de connaître mes élucubrations précédentes. En ce moment d'ailleurs je reprends ici la vie de Lenz à un tout autre point de vue.

teur de deux barons livoniens presque du même âge que lui. Au moment où il se présentait chez Oberlin, il avait donc à peu près vingt-huit ans; il était de dix ans plus jeune que le pasteur du Ban-de-la-Roche. A Strasbourg, Lenz s'était lié avec Gœthe (1770-1771), qui terminait alors ses études en droit, et qui préludait à sa future gloire poétique par des plans, par des projets littéraires de toute nature, et par des vers lyriques d'une exquise fraîcheur. Lenz était poëte comme son ami Gœthe, pas à force égale; mais, en tout cas, c'était un talent remarquable et qui avait, aussi bien que son confrère en Apollon, le pressentiment de la direction hardie qu'allait prendre la littérature dramatique de l'Allemagne. Gœthe et Lenz étudiaient et idolâtraient ensemble le grand poëte anglais, Shakespeare; Lenz débuta peu de temps après par la traduction de quelques pièces de ce poëte et par des drames originaux d'une bizarrerie qui défiait à la fois la critique et les règles de la morale. Lenz ressemblait, comme une goutte d'eau ressemble à l'autre, à plus d'un poëte de l'école romantique moderne; à ces littérateurs auxquels on ne peut refuser un certain degré de talent de facture et de conception hardie, mais qui blessent constamment les principes du beau, du vrai, du bon, et qui se perdent dans l'absurde, à force de courir après le neuf.

Son plus grand tort fut de confondre, de mêler la vie imaginaire à la vie réelle, et de transporter les rêves de son esprit dans le domaine journalier. Son esprit était aventureux; son existence fut aventureuse, et, au lieu de suivre avec persistance une carrière quelconque, il flotta au hasard entre l'état de précepteur, qu'il remplit fort mal, la théologie, à laquelle il ne croyait qu'à moitié, et la vie littéraire, qui peut rapporter un peu de gloriole, mais rarement des ressources assez sûres pour en faire un moyen d'existence.

Lenz était malheureux comme les pierres dans la rue. Il faut qu'il y ait eu dans son caractère des excentricités bien grandes pour qu'il ne soit pas parvenu à se créer une existence modeste, mais honorable à Strasbourg, où l'on a, de tout temps, accueilli hospitalièrement et avec prévenance tout homme de talent, de quelque pays qu'il fût originaire. Pendant les années que Lenz y passa (1770-1776), Strasbourg était l'asile et le séjour favori de plus d'une célébrité scientifique et littéraire.

L'université était très-fréquentée par les indigènes et les étrangers. Schœpflin, le diplomatehistorien, y avait attiré des jeunes gens d'une noble extraction, surtout du nord de l'Europe. Oberlin, le frère du pasteur, suivait les traces de l'auteur de l'*Alsace illustrée;* il enseignait avec distinction l'archéologie et les langues anciennes. La faculté de médecine était connue pour ses professeurs et ses opérateurs habiles[1]. Le célèbre Herder y était venu à la même époque que Gœthe pour s'y faire guérir d'une ophthalmie anormale.

Il y avait alors à Strasbourg, sur les confins de la France et de l'Allemagne, un mouvement intellectuel dont Lenz a dû profiter, et sur lequel il a réagi. Il demeure prouvé pour celui qui écrit ces lignes, que si Lenz a complétement échoué dans ce milieu, cette non-réussite a dû tenir à un défaut d'esprit de conduite, dont on ne peut rendre responsables les habitants d'une ville à laquelle ce jeune littérateur était étranger.

Un moment, en 1776, Lenz avait essayé de se créer des ressources à Weimar, où son ami Gœthe venait de trouver, auprès du duc régnant, un accueil extraordinaire. Mais Lenz, par des actes imprudents ou indélicats, qui n'ont jamais été complétement éclaircis, perdit la faveur du prince et

---

[1]. Ehrmann, Spielmann, etc.

de Gœthe, et se fit mettre littéralement à la porte, après avoir été traité, dans les commencements de son séjour, avec une extrême bonté.

A la suite de cette déconfiture, Lenz avait erré, pendant dix-huit mois, dans le margraviat de Bade et en Suisse, quêtant l'hospitalité chez des amis charitables. Il paraît que partout on avait fini par se fatiguer de lui; ainsi, de porte en porte, il était arrivé à celle qui ne s'était jamais fermée devant un malheureux.

Lenz, je le répète, avait de grandes qualités. Fils d'un pasteur livonien, sa première éducation avait été excellente; un fonds de moralité, qu'il avait emporté de la maison paternelle, le défrayait dans ses bons moments. Devant Oberlin, il est clair que, sans efforts et sans hypocrisie, il redevenait ce qu'il avait été jusqu'à vingt ans: rempli des meilleures intentions, ne cherchant qu'à se rendre utile dans la bonne voie. Comme théologien scientifique, il en savait probablement bien plus qu'Oberlin, qui depuis onze à douze ans était livré tout entier aux devoirs et à la pratique de sa cure d'âmes et de sa carrière de réformateur-agronome, d'agent-voyer et d'instituteur primaire. Sans chercher à en imposer systématiquement à son nouveau patron, Lenz dut cependant mettre quelque soin à étaler tout son savoir théologique; et, loin de mettre en évidence, avec un amour-propre d'auteur mal placé, les œuvres littéraires qu'il avait jetées dans le public ou simplement projetées, il ne parla au pasteur de Waldbach que des sermons qu'il avait tenus aux environs de Strasbourg et dans le Palatinat. En un mot, il manifesta le désir le plus vif de monter en chaire dans les églises du Ban-de-la-Roche. Le pasteur y consentit, et Lenz s'en tira à merveille, car il s'exprimait parfaitement en français, et possédait cinq ou six langues modernes. Après avoir, pendant quelques semaines, attentivement observé et surveillé son jeune suffragant improvisé, Oberlin, qui devait depuis longtemps faire une course en Suisse, chez Lavater et ses nombreux amis, Oberlin résolut de confier à Lenz le soin de prêcher pendant son absence. Quant à la cure d'âmes, il en chargea son collègue de Rothau. Après avoir de la sorte mis ordre à ses affaires et recommandé les siens à la garde de Dieu, Oberlin se mit en route.

A peine eut-il tourné le dos, que les excentricités de Lenz reparurent au grand jour; ce n'était pas encore le délire du premier moment de son arrivée à Waldbach, mais des symptômes avant-coureurs qui n'auraient pu tromper un œil exercé. Évidemment la jeune femme d'Oberlin voulut se faire illusion, et ne point troubler, par un message prématuré, son mari, que l'on aurait d'ailleurs difficilement rejoint, maintenant qu'il était à circuler sans but de voyage bien précis. — On patienta. — Lenz livré, en dehors de la présence bienfaisante d'Oberlin, aux obsessions du démon, et exalté par l'atmosphère de sainteté même où il vivait depuis quelques semaines, Lenz fit un acte véritablement extravagant et qui était l'indubitable marque de la maladie mentale qui allait de nouveau éclater avec une violence redoublée.

A Fouday, un enfant, une jeune fille, nommée Frédérique, était morte. Cette circonstance devait rallumer dans le cœur de Lenz un souvenir mal éteint. Il avait aimé la fille d'un pasteur et espéré, un moment, obtenir la main de cette jeune personne qui portait aussi le nom de Frédérique. Dieu seul sait ce qui se passa dans l'esprit de Lenz, au moment de cette crise terrible, où les ressorts de sa raison, de son intelligence et de son jugement se détendaient. Il annonça que par ses prières il ressusciterait la paysanne de Fouday. Sans redouter le ridicule auquel il allait s'exposer, ni le scandale dont il allait être la cause, le malheureux se rendit, en effet, dans la maison mortuaire, s'agenouilla devant le lit funèbre sur lequel était exposé le corps inanimé de Frédérique et se mit à réciter des exorcismes et des oraisons funèbres. Naturellement il dut se retirer confondu : — le non-succès ne l'empêcha pas de répéter encore une fois son essai, le lendemain, sur le tombeau de la pauvre paysanne.

Il était temps que cet épouvantable scandale cessât; les villages du Ban-de-la-Roche s'étaient émus. Heureusement Oberlin revint à temps, même sans avoir été averti, et avant d'avoir accompli ses projets de tournée en Suisse. A peine arrivé à Emmendingen, petite ville du grand-duché de Bade actuel, où Lenz avait séjourné en 1777 chez le bailli Schlosser, le pasteur avait pu recueillir sur l'état mental de son protégé des données qui n'étaient nullement rassurantes. Il s'était donc hâté de rentrer dans ses foyers.

A peine de retour, il subit pendant quelques semaines l'épreuve la plus pénible, la plus meurtrière que puisse traverser un homme, animé du désir d'être utile et de sauver un malheureux qui se perd, sans aboutir à un résultat appréciable. La maladie de Lenz faisait des progrès presque journaliers. A des intervalles irréguliers, plus ou

moins longs, les paroxysmes d'une maladie qui se traduisait par des tentatives de suicide se répétaient. A plusieurs reprises, le malheureux, quoique presque toujours gardé à vue, se précipita par la fenêtre d'un premier étage, toujours sans accident majeur, mais inspirant à toute la maison d'Oberlin, à sa femme surtout, des terreurs continuelles. Dans les intervalles lucides il se désespérait, demandait pardon à ses alentours, d'une voix si attendrissante, que l'on patientait, l'on espérait toujours le voir revenir à un état normal.
— Mais à la fin, un essai de suicide avec un instrument contondant, décida Oberlin à aviser des moyens de salut plus énergiques; la vie de son épouse courait des dangers; la charité la plus expansive et la plus indulgente a des limites. Le pasteur fit transporter son pauvre pupille, sous bonne escorte, à Strasbourg, où l'on se défit bientôt de lui, en le renvoyant au bailli Schlosser, à Emmendingen. Celui-ci se vit obligé de faire enchaîner le pauvre Lenz comme un fou furieux. La suite et la fin de la lente agonie que traversa le poëte livonien, n'appartiennent plus à mon récit. L'infortuné mourut treize ans plus tard seulement, à Moscou, dans un état voisin de l'extrême misère. Il était, comme par miracle, revenu à la raison,

7

mais ses forces intellectuelles étaient amoindries, brisées; il n'inspirait plus de confiance à ses anciens amis, et ne parvint plus à se créer une existence satisfaisante et régulière. Triste et salutaire exemple d'une vie mal réglée, qui défie les efforts de la charité la plus active; car s'il nous fallait de nouvelles preuves de l'ardent amour d'Oberlin pour tous les malheureux que Dieu lui envoyait, Lenz aurait formé, dans la longue carrière du pasteur, l'un des points les plus lumineux et les plus saillants, pour nous faire admirer l'inépuisable charité de ce cœur angélique.

Ce tragique incident avait, un court moment, interrompu l'activité journalière d'Oberlin. Une correspondance pénible avec quelques amis de Strasbourg, avec le bailli Schlosser, avec Lavater à Zurich, avec Kauffmann à Winterthur, qui tous avaient connu et aimé le pauvre Lenz, absorba, pour un temps, le pasteur. On lui demandait des détails sur l'arrivée et le séjour de Lenz; ce nom fut de nouveau sur toutes les lèvres. On l'avait connu si gracieux, si élégant sept ou huit ans auparavant, en société du jeune Gœthe; on avait dévoré comme du fruit défendu ses œuvres dramatiques; puis on l'avait oublié. Maintenant, à la suite de sa cruelle maladie, la curiosité publique s'était reportée sur lui, mais avec l'intérêt qu'on porte à un condamné à mort. Dès que Lenz eut passé le Rhin, il n'en fut plus question.

Le jugement qu'Oberlin portait, dans l'intimité, sur ce malheureux, était à la fois doux et sévère; il y avait chez le pasteur un singulier mélange de charité, qui couvre toutes les fautes, et d'une perspicacité mondaine allant au fond de toute chose. Ainsi, il avait bien certainement ressenti pour Lenz une affection paternelle; au plus fort de ses aberrations mentales, Oberlin n'avait cessé de respecter dans le fou la dignité humaine obscurcie mais non effacée; il avait continué à espérer contre toute espérance. Un jour Lenz, contrit et humilié des tourments qu'il causait à son bienfaiteur, était entré dans son cabinet de travail, en lui apportant un bâton, avec prière de le punir. Oberlin jeta le bâton ou la canne par la fenêtre, embrassa Lenz sur les deux joues et lui dit: Voilà comme je veux vous punir de vos méfaits, dont vous n'êtes pas responsable.

Cette indulgence n'était ni faiblesse, ni aveuglement. Oberlin pardonnait, mais n'en souffrait pas moins; il priait pour le pauvre possédé, qu'il regardait exactement comme un homme sous l'influence du démon. Mais il n'avait que des paroles de blâme pour une partie de l'existence passée de Lenz. — « Vous avez, lui dit-il, tout sacrifié à la passion mondaine; au lieu de prier et de jeûner, vous avez lâché la bride à votre imagination ; la créature a pris chez vous la place que devait occuper votre créateur. Vous avez sacrifié sur l'autel des faux dieux, des dieux païens ; Jupiter, dans votre culte, a remplacé Jéhovah, et sans le savoir vous vous êtes fait le prêtre de Baal. »

Ces sermons paternels étaient arrivés trop tard; même cet homme de Dieu n'avait plus été assez fort pour conjurer les mauvais esprits et les fantômes qui obsédaient ce jeune homme vieilli avant l'âge par le malheur.

CHAPITRE XV.

Une séparation cruelle.

Tout cependant était ou semblait rentré dans l'ordre habituel autour d'Oberlin ; il continuait sa prédication instructive, qui moralisait, qui améliorait autour de lui toute une population montagnarde et réagissait, par l'heureuse contagion du bon exemple, même sur les cantons et les villages qui étaient en dehors de son rayon paroissial. Les progrès dans les asiles de l'enfance et les écoles primaires étaient visibles à l'œil; il sortait de ces établissements toute une nouvelle génération, plus éclairée, plus civilisée, plus chrétienne que celle qui l'avait précédée. Les regards de ces enfants, dans leurs promenades du dimanche, étaient tournés vers le sol, et ils retrouvaient avec bonheur dans les champs, les prairies et les forêts, les plantes que des reproductions coloriées leur avaient fait connaître sur les bancs de l'école. En levant les yeux vers le ciel nocturne et étoilé, ils y suivaient les constellations saillantes, dont les noms leur étaient familiers. Cloîtrés dans leurs maisons rustiques pendant les longues soirées d'hiver, ils crayonnaient ou calquaient des cartes de géographie élémentaire, et dans les livres que leur prêtait l'instituteur, ils suivaient les voyageurs dans les régions lointaines du globe. Oberlin avait établi des bibliothèques scolaires ; il avait même fait imprimer à ses frais des ouvrages spéciaux, composés par lui ou par les sociétés des missions à l'usage des populations rurales. Que dire, si ce n'est qu'Oberlin devinait et créait, quatre-vingts ans à l'avance, les méthodes que l'on suit aujourd'hui pour l'éducation du peuple. Comme beaucoup de grands inventeurs, il ne recueillit pas immédiatement le suffrage et l'éloge que méritaient ses ingénieux établissements, fondés et exécutés par le cœur. Seulement, lorsque, au sortir de la grande Révolution de la fin du dix-huitième siècle, les habitants du Ban-de-la-Roche, complétement transformés, attirèrent les yeux des administrateurs départementaux des Vosges et du Bas-Rhin, le nom d'Oberlin commença bientôt à circuler dans un monde plus vaste; sur cette terre déjà il put recueillir, avec une légitime satisfaction, quelques témoignages d'intérêt, qui durent effacer le souvenir de plus d'un mécompte et de plus d'une douleur.

L'une des plus cruelles et des plus violentes épreuves qu'il traversa, fut celle du mois de janvier 1783, cinq ans après le passage funeste du Livonien. Ce dernier n'avait pas été étranger au malheur qui, à cette époque, frappa le pasteur. L'épouse d'Oberlin lui avait successivement donné neuf enfants[1]; le bonheur domestique semblait

---

1. Un garçon et une fille étaient morts en bas âge. Voici les noms de baptême des sept autres, dont quelques-uns reviendront encore dans ce récit :

Frédéric-Jérémie Oberlin, est mort en août 1793, dans les rangs de l'armée, sur la frontière septentrionale du Bas-Rhin.

Fidélité-Caroline, a épousé, en 1795, le sieur Wolff, pasteur à Mittelbergheim; elle est morte en 1809.

avoir élu son domicile dans le presbytère de Waldbach. Cependant plus d'un symptôme précurseur avait dû avertir Oberlin ; plus d'une fois il avait observé dans la force et l'activité de sa compagne un déclin inquiétant. Mais c'est un fait bien connu et depuis longtemps observé dans toutes les familles où règnent l'union et la paix, que même lorsqu'on a conçu des craintes pour

---

Charles-Conservé Oberlin, après avoir fait des études chirurgicales et servi comme aide-chirurgien dans l'armée du Rhin, embrassa la carrière théologique, et fut installé, en 1808, comme pasteur à Rothau. — Vers 1840 il vécut retiré à Fouday.

Henriette-Charité, épousa, en 1804, M. Graff, pasteur à Mulhouse, qui passa quelques années plus tard comme missionnaire à Uscholika, dans la Russie asiatique. Après quatorze ans d'absence, M. Graff rentra en France, et assista pendant quelque temps son beau-père à Waldbach.

Louise-Charité, épousa, en 1803, M. Pierre Witz, diacre réformé à Mulhouse. En 1815, M. Witz passa, de Berne en Suisse, à Colmar, en qualité de pasteur. Son fils remplit aujourd'hui les fonctions de pasteur à Waldbach et habite le presbytère de son grand-père.

Frédérique-Bienvenue, a épousé, en 1806, M. Rauscher, pasteur à Roppenheim, plus tard instituteur et pasteur adjoint à Barr. En 1825 il vint assister son beau-père à Waldbach ; il l'a remplacé pendant quelque temps après sa mort.

Henri-Godefroi Oberlin, étudie à la fois la médecine et la théologie ; fait la campagne de Suisse en 1799. En 1809 précepteur à Riga. Mort en 1817 auprès de son père.

une santé chérie, les illusions prédominent ; on ne peut croire à la possibilité d'une perte qui vous enlèverait la meilleure partie de votre propre vie. Oberlin avait étudié la médecine, et ne devait nullement ignorer le mal qui minait sourdement l'existence de sa femme. Mais chez lui l'abandon à la volonté de Dieu, la confiance dans la bonté paternelle de ce Dieu qui est tout amour, ces sentiments d'abnégation, de résignation avaient acquis un tel empire sur lui, qu'il ne se laissait aller à aucune crainte, peut-être chimérique. — Que dis-je peut-être ! — Pour Oberlin, la foi dans la protection permanente de Dieu était si bien enracinée dans son cœur, qu'il aurait cru commettre un acte d'infidélité, si, un seul instant, il avait cherché à soulever le voile de l'avenir.

D'ailleurs, les journées d'Oberlin étaient remplies, elles l'étaient davantage d'année en année, de mois en mois. Sa femme, de son côté, associée à tous ses travaux, à toutes ses idées d'avenir, avait un cercle d'activité prodigieux pour une mère de famille ; elle exerçait une action si instante, si journalière sur les asiles et les écoles de filles, fondés par son mari, que ses moments à elle étaient aussi comptés. Plus elle sentait ses forces s'amoindrir, plus elle cherchait de son côté, par un redoublement de fiévreuse activité, à se dissimuler à elle-même, à son époux et à ses enfants les progrès d'un mal peu visible, mais réel. Les heures du repas réunissaient tous les membres de la maison, et ces heures ou ces quarts d'heure souvent écourtés par des devoirs impérieux, urgents, ne laissaient pas le temps de s'observer mutuellement. Les volontés étaient si unies, si bien fondues l'une dans l'autre, entre mari et femme, entre parents et enfants, entre maître et domestiques, que ces onze ou douze têtes ne paraissaient en faire qu'une seule; ces douze cœurs battaient à l'unisson, et quoique les palpitations de celui qui était frappé à mort fussent plus fortes, elles se confondaient encore si bien avec celles de tous les autres, grands et petits, que le cœur malade ne se doutait pas de tout le danger qu'il courait; il puisait chaque jour et chaque heure le calmant dont il avait besoin, dans tous ces cœurs apparentés. Cette famille ressemblait à une lampe à becs multiples, dont l'une des mèches brûle plus vite et use par conséquent plus d'huile; mais le réservoir commun lui fournit sa part de nourriture, sans que les becs voisins s'aperçoivent de cette soustraction involontaire, faite à leur détriment.

Le plus grand charme, la plus grande félicité qu'un cœur puisse rêver ou désirer dans ce bas monde, c'est une union chrétienne. Quelque changement qui survienne dans la situation extérieure, quelque entrave qu'apportent, dans la vie journalière, les devoirs de tous les moments, cette mutuelle confiance et fidélité, promise au pied de l'autel, reste entière, et le bonheur, pour avoir revêtu une autre forme que pendant les premiers temps du mariage, reste le même au fond; car les cœurs de ces époux chrétiens sentent qu'ils se préparent et qu'ils mûrissent l'un et l'autre pour l'éternité.

En 1768, pendant cet été si heureux, où le jeune pasteur se promenait avec sa belle fiancée de cabane en cabane, où il traversait avec elle les clairières des forêts et les prairies, où il longeait avec elle les frais ruisseaux, qui allaient porter leur petit tribut au torrent de la Bruche, c'était une de ces scènes charmantes, que l'on eût dit empruntée à un chant du *Paradis perdu* de Milton. — En 1783, après quinze à seize ans de mariage, cet intérieur de la cure de Waldbach avait pris un caractère plus sérieux, plus austère; on y entendait bien encore le gazouillement des plus jeunes enfants; mais le mari et la femme sentaient de jour en jour davantage le fardeau de leur responsabilité, comme père et mère du foyer domestique restreint, et de plus comme père et mère des deux cents familles confiées à leurs soins spirituels et matériels; car le chiffre des paroissiens, dans ce court espace de temps, avait presque doublé, grâce au bien-être croissant qui avait remplacé la pauvreté d'autrefois. Avec chaque tête d'enfant que le pasteur recevait, par le baptême, dans la communion des fidèles, il sentait sa charge augmentée d'une âme. Il prenait la vie de pasteur si bien au sérieux qu'il n'aurait plus compris le langage de la prudence, si, par la bouche d'un confrère ou d'un ami, elle lui avait conseillé de ménager ses forces. Salomé Oberlin n'avait d'autres pensées que celles de son mari; elle se dévouait comme lui; un médecin lui aurait, évidemment, prescrit en vain un régime quelconque; elle savait que son devoir était d'aller jusqu'au bout de ses forces, sans inquiéter à l'avance le chef de la famille.

Le moment suprême, le moment de la séparation approchait, sans que ni l'un ni l'autre des deux conjoints eût conçu une crainte sérieuse. Le réveil fut terrible, du moins pour le survivant; ce fut incontestablement le moment le plus cruel de sa carrière, et qui sait — il faudrait, pour le savoir, s'être identifié avec Oberlin lui-même — qui sait si, dans un instant de muette douleur, sa foi — la foi d'un apôtre — ne s'éclipsa pas passagèrement ?...

C'était dans la soirée du 18 janvier; il était rentré, fatigué d'une course hivernale et lointaine. Sur le seuil de la porte, on vint l'avertir que son épouse éprouvait des spasmes inquiétants; elle demandait, depuis quelques heures, avec instance à le voir. Il se hâte; il monte dans la chambre de la malade, qui, sans lui faire des adieux positifs, lui parle cependant avec le ton affectueux et pénétré d'un voyageur qui s'apprête à partir. Oberlin ne peut se faire illusion sur l'imminence du péril; cependant il veut espérer encore; il veut ouvrir son cœur devant le Père de toute miséricorde, demander des forces pour résister au choc dont il est menacé. Il monte au haut de la maison, et implore l'assistance de son Sauveur; il lui demande le salut ou du moins la prolongation des jours de Salomé. Il ne se sent pas, en ce moment, assez robuste pour lutter contre une douleur qui attaque sa propre vie dans ses plus profondes racines; et cependant il faut qu'il vive pour ses sept enfants; il lui semble qu'il doit aussi continuer, achever la tâche de la régénération des âmes et de l'amélioration du sol sur lequel Dieu l'a placé comme pionnier.

« Je sais, s'écrie-t-il dans son angoisse extrême, je sais, ô mon Dieu, que je ne suis, que je n'ai jamais été que ton instrument, que tu peux faire de moi et des miens à ta volonté; mais tu as bien dispensé Abraham de sacrifier son fils unique; ne me demande pas, ô mon Dieu, en ce moment le sacrifice de la compagne que tu m'as donnée. »

— « Je sentais, a-t-il dit plus tard à l'un de ses jeunes amis, je sentais que ma prière ne dépassait pas le plafond et qu'elle retombait comme du plomb sur ma pauvre tête. J'étais encore à genoux, encore inondé de larmes, encore dans un mouvement de résistance et de rébellion contre la volonté de mon Dieu, lorsqu'on vint m'avertir que Salomé se mourait, qu'elle était morte. En me précipitant auprès de son lit, je la trouvai, le sourire, le dernier sourire sur les lèvres; mais elle avait déjà rendu son âme au Seigneur, et elle me laissait seul avec mes pauvres enfants. Je retournai dans ma solitude; je m'agenouillai de nouveau, mais déjà avec beaucoup plus de calme qu'un quart d'heure auparavant, et je remerciai Dieu d'avoir admis ma chère femme, ma sœur en Jésus-Christ, dans le séjour de la gloire et des Élus[1]. »

De toute la force de sa volonté, domptée maintenant par une faveur inespérée, il put se redresser ; maintenant il sentait que l'hymne de reconnaissance qu'il avait entonné au plus fort de la douleur, était parvenu au pied du trône de Dieu ; il sentait que le sacrifice de son cœur rebelle était agréable à l'Éternel et était monté comme un pur encens, brûlé dans le sanctuaire par un enfant obéissant.

Il put lui-même présider aux tristes apprêts des funérailles ; il le fit sans l'ostentation du stoïcisme païen ; il le fit, courbé sous la main de Dieu, mais bénissant cette main qui le frappait, et ne demandant qu'une chose, dans les premiers mois qui suivirent cet ébranlement, qu'une seule chose, « la réunion prochaine avec celle qu'il aimait, dans ce beau séjour, où l'on ne pleure plus. »

CHAPITRE XVI.

Oberlin trouve une aide. — La paysanne Louise Scheppler.

Cette prière d'Oberlin, pas plus que celle qu'il avait prononcée au moment où sa femme se mou-

---

[1]. Voir Note I à la fin du volume.

rait, ne devait être exaucée. Il devait prolonger sa féconde vie pendant quarante-trois ans encore, amasser sur cette longue route la bénédiction de deux générations, subir, à côté de joies bien grandes et bien légitimes, des pertes et des épreuves, et se coucher dans le cimetière de Fouday, après une carrière telle qu'il a été donné à peu d'hommes d'en parcourir.

Le premier soin d'Oberlin, après la mort de sa femme, devait toucher à l'administration de son ménage, qui était presque celui de toute la paroisse. Ce n'est pas seulement à ses enfants, aux détails matériels de leur entretien qu'il fallait songer, et que lui, tenu de donner toute sa journée aux autres, ne pouvait surveiller; il fallait trouver une héritière, pour continuer les œuvres de charité de Salomé Oberlin.

Cette héritière vivait dans la maison même d'Oberlin; elle s'ignorait elle-même, et Oberlin ne se doutait pas non plus à quel point il allait, sous ce rapport encore, éprouver la bénédiction immédiate de Dieu.

Oberlin avait recueilli dans le presbytère une pauvre orpheline, une simple paysanne, Louise Scheppler. Au moment où la femme du pasteur se mourait, Louise avait à peu près vingt-trois ans; elle était depuis huit ans admise dans cette famille chrétienne à titre de servante; mais être servante chez Oberlin, c'était faire partie de la maison, d'une maison où les mœurs patriarcales étaient une vérité vivante. Cette paysanne, cette fille sans instruction autre que celle de l'école primaire, avait pu, presque de suite, remplir la charge de sous-maîtresse dans l'école même de Waldbach; elle possédait donc les traditions nécessaires pour remplacer la défunte dans la surveillance des asiles, des écoles, des soirées de travail au presbytère. Humble, bonne, et douce créature, mais ferme en même temps comme l'eût été un jeune homme formé par la discipline militaire, elle prit en main à la fois les rênes de la maison pastorale, la surveillance et les soins physiques des sept enfants d'Oberlin, enfin la surveillance des écoles de filles; elle suffisait à tout, grâce à une santé robuste, à toute épreuve, grâce à la prière qui décuplait ses forces, grâce au dévouement propre aux âmes grandes et belles dans quelque condition que le Ciel les ait placées.

Louise Scheppler marchait sous l'œil de Dieu, sous l'œil de Jésus-Christ, son divin modèle; elle se plaçait sous la direction d'Oberlin, son maître vénéré, son père d'adoption. Avec ses soutiens invisibles, mais toujours présents, avec les encouragements paternels d'un homme qui prêchait d'exemple plus que de paroles, Louise accomplissait les miracles de la foi dont parle l'Évangile. Si elle ne transportait pas matériellement des montagnes, elle soulevait du moins, elle portait légèrement un fardeau, dont la dixième partie eût écrasé tout être réduit à ses propres forces et au seul témoignage de sa conscience.

Lorsque Oberlin lui disait: « Louise, mon enfant, il me semble que tu dois être fatiguée; que serait-ce si nous essayions de prendre pour la maison une aide de plus; tu suffirais plus facilement alors à tes courses pénibles à Belmont, à Fouday. » — Louise répondait: « Mon père Oberlin, je vous le dirai le jour où je serai fatiguée. Continuez à m'accepter comme votre enfant; je ne demande rien de plus, rien de moins. Je vous dis tout; je vous demande tout comme à un père, vous le savez bien. Et ce que vous ne pouvez pas me donner, je le demande à notre Père qui est aux cieux. »

Lorsque Oberlin la questionnait sur l'intérieur de la maison: « Louise, es-tu contente des enfants? » — elle répondait: « Vous savez que les aînés se conduisent eux-mêmes; les petits que Mme Salomé nous a laissés sont quelquefois bien remuants, bien revêches, car comme vous dites : le vieil Adam est en nous tous et toutes, et veut être chassé à grands coups de verge. Mais je les punis, les pauvres petits, bien rarement. Quand je leur parle de leur mère qui est maintenant une sœur des bons anges, et que je leur dis : Votre bonne mère a des ailes toutes blanches, et elle est agenouillée devant le trône de Dieu Jéhovah; mais toutes les fois que nous l'appelons, elle vole vers nous, invisible; elle est près de vous, près de nous; elle nous aime, elle nous protége toujours.... quand je leur dis cela, ils me regardent avec leurs bons petits yeux bleus et ils m'obéissent, comme si je les avais mis au monde. »

Et lorsque Oberlin lui demandait : « Louise, tu n'as donc besoin de rien ? » elle répondait simplement, si c'était au retour de la mauvaise saison : « Père, mes bas de laine et mes sabots sont bien usés ; j'allais vous prier de m'en donner de neufs. »

Cette fille qui se bornait à réclamer, à titre de gages, une nouvelle chaussure, et, dans les grandes occasions, un nouveau vêtement complet, lorsque la neige, la pluie et le soleil avaient usé sa robe de bure, cette même fille, cette paysanne, cette servante faisait la lecture de l'Évangile, et l'interprétait, au besoin, aux enfants du presbytère ou aux enfants villageois; elle leur enseignait ce que de nos jours une directrice de salle d'asile ou une institutrice enseignent dans nos écoles perfectionnées; elle était, au nom du pasteur, la dispensatrice des aumônes en denrées, en argent, en vêtements. Lorsqu'elle apparaissait dans les fermes isolées, où l'épouse d'Oberlin portait autrefois ses consolations, ses prières, le pain blanc et le vin pour les malades, les bûcherons et les habitants des censes disaient : « C'est Mme Salomé qui revient à nous; cette Louise est aussi un ange. »

Oui, Louise Scheppler était une bonne et charitable et intelligente fille; elle était le bras droit d'Oberlin. C'était, en vérité, une circonstance merveilleuse de voir un être qui, dans les premières années de sa vie, semblait abandonné de Dieu et des hommes, s'élever, par la bonté innée de son caractère, puis sous l'influence vivifiante du pasteur évangélique, à ce rôle de sœur de charité et de sœur de la Providence, s'il m'est permis toutefois d'appliquer ces dénominations à une pauvre créature qui n'appartenait à aucune congrégation. Mais ce qui était plus extraordinaire, plus étonnant encore, c'était de voir cette fille si active, si influente dans toutes les maisons des cinq villages du Ban-de-la-Roche, de la voir rester à sa place, demeurer simple et d'une humilité enfantine. Elle n'aurait pas échangé sa position de servante d'Oberlin contre le rang d'une épouse d'inspecteur ecclésiastique, la plus haute dignité que pût rêver son imagination protestante!... Être et rester servante du « père Oberlin » était le terme extrême de son ambition terrestre. Il n'y a là rien qui doive nous étonner; Oberlin inspirait les mêmes sentiments de confiance et d'affection chrétienne à tous les serviteurs de sa maison.

Une fille de basse-cour, attachée au presbytère de Waldbach, étant tombée gravement malade, dit à son maître: « Père Oberlin, je ne crains pas la mort, et j'irais volontiers en paradis; mais une chose me tourmente : c'est qu'en paradis je ne pourrai plus vous servir. » — Que dites-vous d'un homme qui jetait de pareilles racines dans le cœur des êtres qui l'entouraient, et se créait, même pour le monde futur, des dévouements qui semblaient contre-balancer dans ces êtres naïfs le bonheur de l'éternité ?....

L'activité de Louise Scheppler, nous l'avons déjà dit, était tout à fait prodigieuse. Cette campagnarde avait sur sa maîtresse défunte un inappréciable avantage : la lumière de la foi qui l'éclairait sur ses devoirs n'allumait pas en elle ce feu qui, momentanément, triple les forces, mais dévore le croyant. Elle résistait aux fatigues physiques, sans efforts surhumains; elle ressemblait aux arbres forestiers de sa vallée natale; comme les sapins des hautes Vosges, elle endurait le passage brusque d'une température à l'autre sans rien perdre de sa vigueur; elle secouait la neige qui la surprenait dans ses courses comme fait le pâtre bronzé par une vie continue en plein air; le soleil de la canicule avait si souvent hâlé son visage, qu'elle ne conservait plus le moindre souvenir ni trace de son teint de jeune fille. Cette absence complète de tout désir de plaire ne la mit pas à l'abri de toute demande en mariage; loin de là; même au Ban-de-la-Roche, où l'exemple d'Oberlin avait certainement rendu ses paroissiens plus difficiles et plus sévères lorsqu'il s'agissait d'accorder à un des leurs un témoignage de haute estime, même ici, la vertueuse abnégation de Louise avait été reconnue admirable, unique; aussi plus d'un habitant, jeune ou d'un âge mûr, se serait-il trouvé heureux si Louise avait voulu lui donner la main en gage de fiançailles; mais la brave fille qui avait accepté les devoirs maternels vis-à-vis des enfants de son ancienne maîtresse se détournait, sans fâcherie, avec fermeté cependant, toutes les fois que l'on s'adressait directement à elle ou que le pasteur lui transmettait les vœux d'un prétendant. « Je veux rester auprès de vous, répétait-elle à Oberlin, et me retrouver à vos côtés, avec Mme Salomé, au jour du jugement dernier. »

CHAPITRE XVII.

L'intérieur de la maison d'Oberlin. — Ses arrangements personnels.

Tous ceux qui entouraient Oberlin vivaient, comme lui-même, constamment en présence de l'éternité; et cependant, circonstance qui de prime abord semblerait bizarre, ils prenaient tous leurs arrangements journaliers, comme s'ils devaient passer un temps infini sur cette terre. Toutes les physionomies des enfants, des domestiques, du pasteur lui-même portaient l'empreinte du calme, de la paix, de la satisfaction, et cependant ils savaient, ils étaient tous pénétrés de l'idée que leur séjour en ce monde était un simple passage, une courte halte entre le soir et le matin. D'où venait cette apparente contradiction?

Vue du presbytère et de l'église de Waldbach.

Vous avez pu observer en voyage des personnes — peut-être vous-mêmes êtes-vous de cette classe de caractères — qui, à peine arrivées le soir dans un hôtel, à peine installées dans une chambre, qu'elles occuperont durant peu de jours, ou pour une nuit seulement, prennent leurs dispositions, méthodiquement, comme si elles allaient s'y établir pour longtemps, pour toujours. L'habitude de l'ordre prédomine chez les voyageurs ainsi faits sur l'idée de l'inutilité ou du peu de stabilité de leurs arrangements. Ils éprouvent l'impérieux besoin de se sentir chez eux, de s'entourer, ne serait-ce que pour quelques heures, d'un simulacre de comfort domestique, quittes à reprendre le lendemain le sac et le manteau de voyage. Il en est ainsi de l'intérieur d'une famille chrétienne, toujours prête à suivre l'appel du Seigneur et à quitter une demeure passagère; mais en attendant cet ordre de départ, agissant comme si Dieu allait la laisser longtemps sous cette tente qu'il lui a permis de dresser, dans cette cabane ou cette maison qu'il lui a permis de construire.

Dans le presbytère d'Oberlin, considérablement restauré depuis qu'il y demeurait, tout portait le cachet de l'ordre, de la simplicité, mais aussi d'une certaine élégance rustique. Une propreté hollandaise régnait partout ; c'était le luxe de cette maison hospitalière.

Dans le cabinet de travail d'Oberlin, la pensée du maître se reflétait partout ; les versets bibliques tracés au-dessus de la porte, les gravures, les vignettes, les dessins, les cartes de géographie qui décoraient les murs, la bibliothèque de campagne, presque tout entière composée d'ouvrages de piété, d'édification, d'éducation, tout portait l'empreinte de l'homme qui avait transformé la contrée d'alentour par l'application pratique de la Bible, et qui s'était lui-même consacré, corps et âme, au service de Dieu.

Mais Oberlin ne se bornait pas à nourrir son esprit du suc de l'Écriture sainte et des pensées de ces hommes de cœur qui s'étaient, comme lui, voués à l'instruction, à l'amélioration de leurs frères. Il avait de « nobles distractions ; » il avait la noble passion du travail manuel. Ses récréations, son délassement, il les cherchait dans un atelier où se trouvaient réunis les ustensiles du charpentier, le tour du tourneur, le cartonnage du relieur et une petite presse mobile. Oui, Oberlin imprimait lui-même dans les premières décades de son séjour au Ban-de-la-Roche ; il imprimait des ouvrages élémentaires ; il reliait les petits volumes qu'il destinait aux récompenses des écoliers; bien des instruments aratoires, ou de ménage, ou de jardinage, il les confectionnait lui seul; bien des réparations dans la maison, dans les étables, dans l'atelier, il y procédait lui-même. Sans ostentation, sans système préconçu, il avait peu à peu, au fur et à mesure de ses besoins journaliers, formé son atelier, garni les murs de sa chambre et les rayons de sa bibliothèque; une pharmacie de campagne était confiée aux soins et à la surveillance de Louise Scheppler.

Oberlin pratiquait la vie des missionnaires sans avoir mis le pied sur la terre d'Afrique ou d'Amérique. Un moment il en eut l'idée; sept ou huit ans après son mariage, un appel pressant lui arrivait de la Pensylvanie; et le mirage d'un bien infini à faire sur un terrain vierge le séduisit un moment; une lutte pénible et prolongée le tourmenta; il allait partir peut-être et laisser inachevée son œuvre patriotique, lorsque éclata la guerre d'indépendance, la guerre des colonies anglaises contre leur mère-patrie. Oberlin vit dans cet incident la voix de la Providence qui lui prescrivait de rester parmi les siens.

Loin de moi l'idée de dénigrer ou d'amoindrir le mérite des missions étrangères. C'est, au contraire, une des plus admirables vocations qui puissent incomber à un homme désireux d'agir sur ses semblables et de se préparer lui-même dignement à une vocation plus haute au delà de ce monde visible. Celui qui écrit ces lignes aurait été trop heureux, s'il avait été jugé digne, dans sa jeunesse, de courir une semblable carrière. Cependant n'exagérons rien; pour des êtres tels qu'Oberlin, la vie, dans quelque coin du monde qu'elle se passe, présentera toute espèce d'occasions de servir Dieu et les hommes. Qu'Oberlin eût été aumônier de régiment, aumônier des prisons, qu'il eût été jeté au sein d'une grande capitale, il eût trouvé des païens à convertir, des âmes à sauver. Au milieu des pauvres, il aurait fait et fondé les œuvres qu'on pratique maintenant à Londres et à Paris, au milieu même de l'écume des populations. Les sauvages du Ban-de-la-Roche, à raison même de la demi-couche de civilisation dont ils étaient recouverts, présentaient peut-être plus de difficultés, étaient peut-être plus anguleux que n'auraient été les Peaux-Rouges du Susquehannah et des plaines au delà des Alleghanies.

Et l'exemple donné par Oberlin à ses confrères de Lorraine et d'Alsace, croyez-vous qu'il ait été perdu? ne pensez-vous pas qu'il ait réveillé tout autant d'âmes au cœur de notre civilisation maladive que dans les forêts et les savanes de l'Amérique septentrionale?

Ainsi, parmi les êtres délaissés, sur lesquels il s'appliquait à exercer une action salutaire, et qu'il voulait gagner à la fois à une vie terrestre meilleure et au salut éternel; parmi ces êtres se trouvait toute une classe d'enfants à demi sauvages qu'on appelait dans le pays les *bergerons*. C'étaient de pauvres garçons que l'on rencontrait dans les terrains vagues, sur la pente des montagnes élevées, sur la lisière des forêts; leur occupation consistait à garder des vaches ou des moutons; mais ils les gardaient mal; ils les laissaient errer dans les champs cultivés, pendant qu'eux-mêmes se divertissaient entre eux à des jeux plus ou moins frivoles ou nuisibles. Oberlin fit comprendre à ceux des habitants du Ban-de-la-Roche qui employaient ces enfants, pour la plupart venus du dehors, qu'ils manquaient à leurs devoirs de tutelle temporaire en ne corrigeant pas ces petits de leurs défauts et en ne les surveillant pas plus fréquemment. Mais Oberlin ne se contentait jamais de prêcher; il proposait, à l'appui de chaque exhortation, de chaque sermon, un remède au mal qu'il signalait ou qu'il tançait. Il commença par attirer les pauvres petits pâtres, par l'attrait d'un gain honnête, vers une occupation pendant ces heures dangereuses de solitude ou de camaraderie turbulente. Avec les bergerons, il essaya des mêmes moyens qu'il appliquait à la moralisation des enfants de ses villages. Il leur apprit ou leur fit apprendre par ses aides à tricoter des bas, à fabriquer des paniers d'osier, des souliers de paille; des primes d'argent furent destinées à ceux qui confectionnaient les meilleurs objets et le plus rapidement. Par cet appât, des habitudes meilleures s'introduisaient parmi ces petits nomades qui rapportaient en hiver dans leurs foyers l'industrie qu'ils avaient apprise, sous la voûte du ciel, pendant les journées d'été et d'automne.

Mais comment s'y était-il pris pour décider ceux de ses paroissiens qui employaient ces petits vagabonds à jeter un coup d'œil de pitié et d'intérêt sur eux?... N'avaient-ils pas assez à faire, à élever et à surveiller leurs propres enfants?

Oberlin leur avait dit: « Celui qui aime Jésus-Christ prend soin des enfants d'autrui comme des siens; les enfants étrangers appartiennent au Seigneur comme les vôtres; vous ne voudrez pas les envoyer dans ces lieux de souffrance éternelle, là où vous ne désirez certes pas que vos chers enfants soient envoyés. »

Dans l'intérieur des maisons ou cabanes villageoises, Oberlin établissait aussi, pour les heures de loisir, par le même attrait des primes ou des récompenses en argent, les petites industries; la confection d'objets de vêtements rustiques, de silhouettes, de pinceaux fins. Il était ingénieux à inventer, à créer de nouvelles ressources lorsque les anciennes venaient à manquer ou se trouvaient insuffisantes. La science des détails et l'application de cette science, Oberlin les possédait parfaitement; rien n'était petit ou mesquin à ses yeux, lorsqu'il pouvait s'en servir dans un but d'éducation morale ou religieuse.

Pour lui, le pire chez les enfants et les adultes, c'était l'oisiveté, c'étaient les habitudes grossières qui se transmettent, dans les campagnes surtout, comme une espèce de tradition. Le tapage, les cris nocturnes dans les rues, les querelles l'inquiétaient, le mettaient à la torture comme auraient pu le faire les dissonances ou des voix rauques et fausses au milieu d'un chant d'église. L'harmonie qu'il voyait régner dans les œuvres de Dieu, sur terre et dans les sphères étoilées, il voulait qu'elle fût appliquée dans les relations de ses paroissiens grands et petits ; il voulait que ses villages présentassent l'image non pas d'un couvent austère, mais d'une grande et vaste maison bien tenue, où chacun a sa place et ses occupations assignées, et où chacun, à toutes les heures du jour et de la nuit, se sent sous l'œil d'un maître invisible. Travailler pour vivre et pour se préparer à une vie meilleure au delà de ce monde, se reposer, se recueillir honnêtement pour rassembler de nouvelles forces, voilà quels étaient ses principes ; et il les appliquait non pas à l'aide d'une verge ou d'un bâton de commandement dont il ne disposait pas ; il les appliquait grâce à l'irrésistible action de sa parole, puisée dans l'Évangile, et à l'aide de l'exemple qu'il offrait dans sa propre demeure, où régnait la paix des Élus ou des enfants de Dieu.

CHAPITRE XVIII.

Comice agricole. — Prières en commun.

Au risque de me répéter, je me sens toujours contraint de revenir à la merveilleuse initiative prise par le pasteur de Waldbach dans toutes les questions de réforme agricole, sociale, utilitaire et religieuse. Tout ce que nous pratiquons maintenant, avec la béate satisfaction d'être les créateurs, les inventeurs des comices agricoles, des sociétés de bienfaisance, des sociétés bibliques, de toutes ces institutions qui, sous une douzaine d'appellations diverses, tendent toutes au même but, à l'allégement des souffrances publiques et privées, tous ces remèdes plus ou moins efficaces, Oberlin les avait inventés, pratiqués, avec le pressentiment instinctif que le salut de la société était là, dans cette action incessante des hommes d'intelligence et de cœur sur les pauvres et les délaissés.

Ainsi, dans ce petit canton rural, il avait fondé un véritable comice agricole; il trouvait moyen, avec ses ressources bornées, de distribuer des récompenses à qui se distinguait par la meilleure culture des arbres fruitiers, ou des pauvres céréales qui peuvent prospérer dans ce pays de montagnes; il avait des encouragements pour l'irrigation intelligente des prairies, pour les meilleures fosses à fumier, les plus saines étables, le bétail le mieux tenu; son magasin d'instruments aratoires, à prix réduits, était à la disposition de ses paroissiens. Il donnait à crédit à ceux qui méritaient confiance. Des livres et des journaux d'économie rurale circulaient de domicile à domicile, et pour stimuler honnêtement l'amour-propre des chefs de famille, membres de cette association, il engagea plusieurs de ses amis de Strasbourg à s'y faire recevoir.

Mais jamais, au milieu des soins qu'il donnait à la situation matérielle de ses paroissiens, jamais il ne mettait en seconde ligne les intérêts moraux et religieux. — « L'Évangile est mon étendard! » Telle était sa devise; et chez lui, cette sentence était une réalité. Tout chez lui et les siens devait être basé sur ce fondement solide.

Aussi la prière en commun était-elle un des préceptes le plus fréquemment répétés et appliqués chez lui. — Le jour du Seigneur, le dimanche, était sanctifié par lui et chez lui et chez ses ouailles avec une ferveur et une exactitude, que nous, avec nos allures d'indifférentisme, trouverions exagérées. Une ou deux fois par semaine la soirée dans les divers villages était consacrée à une réunion religieuse, uniquement pour appeler la bénédiction du ciel sur l'étroite vallée qu'Oberlin avait choisie pour théâtre ignoré de son action, et sur le vaste monde, qu'il ne pouvait aborder que sur les ailes de l'imagination avec les élans de la charité.

Le rationalisme de nos jours a détrôné la prière; il en nie l'efficacité; il ne pense pas que nos humbles demandes, ces élans de l'âme, montent au trône de Dieu; il ne croit pas que l'Éternel change ses desseins, parce que les hommes le désirent et l'implorent. Oberlin, nous le savons du reste, ne partageait pas ces opinions désolantes; lui, il était convaincu d'abord — et nous pouvons l'être avec lui, sans blesser notre raison — il était convaincu que les prières, prononcées à la même heure par quelques centaines de bouches, organes d'autant de cœurs croyants, devaient exercer sur l'âme de ceux qui se recueillaient ainsi une salutaire action; qu'elles devaient agir comme un baume réconfortant, relever les esprits courbés, et donner des ailes aux esprits relevés. Lui, il avait eu des témoignages tellement patents de l'exaucement de la prière, que cette expérience personnelle, intime, irrésistible devait lui suffire, et réfuter victorieusement tous les arguments du doute. En instituant, en fixant des heures de prières, communes pour tous ses paroissiens, il suivait la voix de son moniteur intérieur; et n'eût-il obtenu d'autre résultat que celui d'enlever aux soucis dévorants du jour, pendant cette heure de recueillement, les malheureux et les souffrants, il pouvait se dire que son œuvre n'était point une œuvre manquée, sa foi pas une illusion.

CHAPITRE XIX.

Les amis d'Oberlin. — Son frère Jérémie.

Vous seriez depuis longtemps en droit de me demander : « Mais au milieu de ces labeurs incessants, de ces créations lentes et ardues, de ces dépenses de forces physiques et morales, Oberlin n'avait-il aucune distraction? était-il toujours et partout le pasteur, le curateur d'âmes? ou le pionnier armé de la pioche, le constructeur d'écoles, l'instituteur, le directeur de salles d'asile? ne prenait-il point de repos? et dans cette atmosphère de saintes aspirations, dans cette carrière d'œuvres évangéliques, n'y avait-il jamais une halte au haut de la montagne, pour jouir du fruit de ses labeurs, pas un moment où cet esprit se détendait? »

Je n'ai pas la prétention de faire d'Oberlin un saint... Oberlin lui-même arrêterait ma main, si, du séjour des bienheureux, il pouvait ou daignait suivre la pensée et la plume de son obscur biographe. Le pasteur du Ban-de-la-Roche se donnait lui-même pour ce qu'il était, pour un homme de bonne volonté, pour un instrument entre les mains de Dieu, pour un instrument plus actif que beaucoup de ses pareils, mais partageant les infirmités, les tourments, les fatigues, et peut-être dans le silence de la solitude, les défaillances passagères de notre nature humaine. Sans doute il avait aussi besoin de récréation, et il la trouvait dans le cercle de sa jeune famille, dans l'intimité de quelques amis de Strasbourg qui venaient le visiter, lui apporter des nouvelles du monde extérieur; il trouvait surtout un charme infini dans le commerce épistolaire avec le pieux Lavater de Zurich, dont l'âme était apparentée avec la sienne, qui avait des convictions évangéliques pareilles aux siennes, et qui exerçait par son éloquence persuasive sur ses paroissiens-citadins une action aussi forte qu'Oberlin sur ses enfants du Ban-de-la-Roche. Le nom d'Oberlin commençait d'ailleurs à se répandre, non pas au même point et avec la même rapidité que celui de Lavater, dont la renommée, grâce à son ouvrage sur la physionomie, était européenne; mais les sociétés des missions considéraient Oberlin comme un des leurs, et nous le verrons, plus tard, visité par des sommités intellectuelles et religieuses de France et d'Angleterre.

Oberlin avait un frère célèbre dans le monde savant, et aussi bon, aussi aimable qu'érudit; et ce frère, de cinq à six ans plus âgé que lui, était son meilleur ami. Jérémie-Jacques Oberlin était, à l'université de Strasbourg, le successeur du savant Schœpflin; avant la mort de cet illustre vieillard († 1771), Oberlin avait déjà pris la direction de la bibliothèque et du cabinet des antiquités que Schœpflin léguait à la ville; il expliquait aux jeunes étudiants les chefs-d'œuvre historiques et poétiques de la littérature latine, livrait au public d'excellentes éditions des historiens, Jules César et Tacite, écrivait un manuel remarquable sur la géographie de l'ancien monde, éclaircissait des points obscurs dans les usages et les mœurs de l'antiquité, et maintenait haut et ferme à Strasbourg l'étendard de la science sacrée et profane. Aussi les premiers savants de Paris, d'Angleterre, d'Italie et d'Allemagne étaient-ils en rapport avec lui. C'était une nature droite, honnête, morale; mais, à la différence de son frère, Jérémie Oberlin avait besoin d'un théâtre mondain; il n'était pas indifférent aux applaudissements des hommes, et il ne croyait pas marcher en dehors des voies de Dieu, en cherchant, par son labeur d'érudit et d'homme de goût, à recueillir pour lui-même quelques suffrages, et, pour sa ville natale, pour la vieille université de Strasbourg, beaucoup de gloire.

Quand il arrivait, dans ses jours de vacances, au Ban-de-la-Roche, son frère le pasteur le raillait doucement : « Tu ne viens pas me voir, Jérémie, lui disait-il; tu viens pour grossir ton vocabulaire de patois lorrain. En vérité, tu fais là une belle besogne. Moi, depuis vingt ans je m'efforce de gagner du terrain sur cette langue informe, à inculquer le bon français aux enfants de mes paroissiens; je veux qu'ils puissent être en contact avec les hommes du dehors, sans être dépaysés, sans paraître lourdauds; je veux qu'ils puissent lire le catéchisme et la Bible, des relations de voyages, des manuels d'histoire naturelle, le tout écrit dans la langue de l'immense majorité de la nation; je veux qu'ils aient à leur service un bon instrument intellectuel; et toi, mon bon ami, mon cher frère, toi, en allant de maison à maison quêter des mots, des locutions, des chansons, des historiettes en patois du pays, tu vas faire croire à ces braves gens qu'ils parlent, indépendamment du français, une seconde langue très-importante et bien correcte.

— Je te laisse parler et dire, mon cher Fritz,

répliquait le professeur; ce n'est pas sérieusement que tu me grondes; je ne défais pas ton ouvrage; je le confirme.

— Tu te moques de moi à ton tour.

— Nullement; je fais l'inventaire du passé, et toi tu prépares l'avenir.

— Mais quel besoin éprouves-tu de dresser ce relevé, de conserver les traces d'un dialecte informe et grossier?

— Mon cher Fritz, tu as fait assez d'études de langues pour me comprendre, et ne pas m'accuser de folie, lorsque je te dirai que je suis en train de constater un des faits les plus curieux de la philologie contemporaine. D'autres me poursuivront de leurs risées, et croiront que je cours après des fantômes; toi, je te le répète, tu dois entrevoir la vérité et le côté sérieux de mes recherches. — Chacun a sa marotte, j'ai la mienne; je suis un éclaireur, un pionnier de la science, comme tu es un pionnier dans le champ du Seigneur; l'avenir, j'en suis sûr, me donnera raison; et peut-être dans la même ville où je suis occupé à consigner le fruit de mes perquisitions, de mes hypothèses, si tu aimes mieux — dans cette même ville — je te le dis, en vérité, un autre plus heureux que moi complétera mon œuvre, que j'aurai à peine le temps d'ébaucher, car d'autres soins me réclament.

— Je t'écoute en silence, cher frère; mais enfin que fais-tu? qu'espères-tu deviner, trouver dans ce patois?...

— Le vieux français, la langue de nos pères, de nos ancêtres, la langue rustique, gallo-romane, qui a remplacé peu à peu le latin dans les campagnes et les villes de l'ancienne Gaule, de la France moderne. Le patois du Ban-de-la-Roche ressemble comme un frère jumeau à son voisin le patois lorrain; il n'y a que peu de mots allemands ou suisses qui se sont mêlés à ce fonds primitif; le patois lorrain ressemble au dialecte champenois, picard et normand; d'autre part, à celui de la Franche-Comté, et ainsi nous arriverons, en descendant vers le centre, puis vers le midi de la France, à constater une gradation insensible, qui de la langue des trouvères, chantres ou inventeurs du nord de la France nous conduit à la langue des troubadours ou poëtes de la Provence et du Languedoc. Tous ces dialectes se sont formés, lorsque le vieux latin s'est altéré; ce sont les fleurs nouvelles qui ont germé sur un sol en décomposition. Les habitants du Ban-de-la-Roche parlent, je te le répète, la langue de nos aïeux ; je le prouverai, non pas comme une vérité mathématique, mais pourtant comme une probabilité, et ce qui sera probable pour moi sera certain pour mes successeurs.

— Pourquoi pour eux et pas pour toi ? tu as, sans te flatter, un esprit d'analyse et de combinaison aussi subtil que le sera celui de ces inventeurs que tu crois entrevoir et deviner ; pourquoi pour eux et pas pour toi ?... Je n'ai pas l'ombre d'une ambition personnelle, mais j'en ai pour mon frère ! Lorsqu'on ne travaille pas directement à l'œuvre de Dieu, lorsqu'on est en dehors du sanctuaire, je trouve tout rationnel que, sur le terrain du monde, on coure un peu après la fumée de la gloire, d'une gloire honnête, s'entend. Cela doit distraire, cela doit occuper, je le comprends. Si je n'étais Fritz Oberlin, je voudrais être son frère Jérémie.

— Mes successeurs auront, pour constater les résultats que j'entrevois, dix fois plus de ressources que nous[1]. En ce moment déjà, il se fait

---

[1]. Voir : *L'Essai sur le patois lorrain des environs du comté du Ban-de-la-Roche*, par Jérémie-Jacques Oberlin. 1773. — *Les Variations du langage français*, par François Génin. Paris, 1845.

Génin, près de quatre-vingts ans après Oberlin, confirme,

en Allemagne un travail de rénovation sur le terrain de la philologie sacrée et profane. Nous sommes des enfants, des débutants; nous sommes à la veille d'un renouvellement scientifique et littéraire, comme à la veille de grands ébranlements politiques. Le mouvement scientifique et littéraire partira de la Germanie, c'est le pays des Grecs modernes; le mouvement social partira de la France, de la Gaule; les Gallo-Romains sont les réformateurs politiques.

— Tu éprouves, cher ami, le besoin de deviner l'avenir de ce monde, que Dieu voile sagement à nos yeux; je ne cherche, tu le sais, qu'à veiller aux devoirs de chaque jour. Je ne te blâme point, je ne te réfute point, je ne discute point; une prière seulement : n'encourage pas trop mes paroissiens dans leur amour du patois. »

CHAPITRE XX.

L'historien Schlœzer et Dora sa fille. — La famille de Dietrich, seigneur du Ban-de-la-Roche.

Un autre jour, Jérémie Oberlin, arrivant de Strasbourg, aborde son frère, le front rayonnant :

---

avec l'autorité de la science contemporaine et une rare sagacité, tout ce que ce dernier avait deviné.

«Je vois, lui dit le pasteur, que tu m'apportes une bonne nouvelle.

— Selon que tu voudras la prendre ou l'envisager; je suis, du moins, sous le charme et l'impression d'une apparition extraordinaire; mon récit cependant provoquera ton sourire, qui sait? ton blâme ou ta critique peut-être.

— Au fait, monsieur le professeur, si vous ne voulez pas me faire perdre mon temps à deviner des énigmes.

— Eh bien, mon cher pasteur, je te dirai que je viens d'assister à Strasbourg à un spectacle étrange que notre ville natale ne verra pas se répéter de sitôt. Je t'ai parlé plus d'une fois de Schlœzer, de Gœttingue, je crois.

— De l'historien? du publiciste? mais certainement; je t'aurais demandé communication de ses œuvres, si je pouvais me permettre ces excursions dans le champ de l'histoire profane ou de la politique contemporaine. Tu apportes une bonne lettre de Schlœzer? ou bien est-il lui-même revenu à Strasbourg?

— Tu l'as dit, et pas seul cette fois : il a amené sa fille, Dorothée, une adorable enfant, un prodige, une Corinne moderne. Elle sait tout, cette enfant; elle est, ma foi, docteur en philosophie; son père lui a fait prendre ses grades à l'université de Gœttingue.

— Eh bien! vous admirez cela, monsieur mon frère?... vous approuvez cela? est-ce que vous donneriez par hasard cette éducation à une de vos filles?

— Si elle avait la capacité, les dispositions de Dorothée Schlœzer, je ne dis pas non; mais Dora est seule de son espèce. Mme Dacier, l'interprète, l'admiratrice d'Homère, n'est qu'une pauvre écolière à côté de cette jeune Hanovrienne. Je ne vois pas pourquoi nous interdirions à une jeune fille très-douée et très-résolue la carrière des sciences, des lettres et des arts.

— Je te dirai tout à l'heure, cher frère, pourquoi j'y verrais, moi, quelque inconvénient. — Demande à ma pauvre Louise Scheppler — et elle est pourtant bien intelligente, — demande-lui si, au lieu de soigner des malades et des enfants, elle veut apprendre l'hébreu et le grec. Cependant elle aime la lecture de la Bible, et l'idée de lire les saintes Écritures dans la langue primitive aurait de quoi la séduire. Mais revenons à Mlle Dorothée Schlœzer; car je vois qu'en dépit de tes cheveux grisonnants et de tes devoirs de père de famille, tu en es fort épris. Elle sait donc bien des choses?... »

Le professeur d'archéologie, mettant un peu la sourdine à son enthousiasme juvénile, reprit son récit et raconta plus en détail, à son frère, les connaissances encyclopédiques amassées par cette jeune fille, digne rejeton de l'un des plus grands savants du dix-huitième siècle ; l'admiration qu'elle avait su inspirer à tous les professeurs de l'université, par cette science fabuleuse conquise par une méthode sûre et conservée par une mémoire fidèle. Il dit comment le salon qu'elle occupait avec son père dans une maison amie, n'avait pas désempli pendant son séjour, et comment, après avoir enchanté, électrisé les hommes, la corporation savante et lettrée, elle avait — chose plus difficile — conquis l'affection des mères de famille et des jeunes filles par sa simplicité, sa tendresse et ses délicates attentions pour son vieux père.

« Je gage, dit le pasteur, que cette jeune fille a emporté à Gœttingue une partie de ton vieux cœur. Voilà par où Satan a prise sur toi.

— Je suis donc bien coupable à tes yeux, et bien païen ?

— Oui, certes, tu l'es beaucoup plus que tu ne crois, mon pauvre ami. Les pensées que tu donnes à cet enfant, tu les as enlevées à ta famille, à tes devoirs journaliers; l'admiration de la créature t'a fait oublier dans ces moments d'abandon mondain le culte que tu dois à toute heure du jour à ton Créateur. Je sais que je te parle un langage déplaisant, mon cher Jérémie; tu aurais le droit de ne pas m'écouter; car, en ce moment, je ne suis pas en chaire, et tu es mon aîné. Mais tu n'ignores pas quelles intentions me dirigent; tu sais que je prie pour toi journellement et que je demande à notre Père céleste de ne pas t'abandonner au démon de la vanité littéraire, de t'épargner les épreuves qu'il fait subir à tous ceux qu'il voit dévier.»

Et pour effacer ce que ces paroles pouvaient contenir de reproches indirects, il embrassa son frère et lui proposa une promenade au château de la Roche.

En route, il reprit la conversation interrompue. «Il vaut mieux couler à fond cette affaire, dit-il à son frère; je crains que tu ne m'aies pas ouvert ton cœur en entier; j'ai arrêté ton épanchement par ma sévérité; veux-tu bien en convenir?.

— En effet, tu m'as glacé, répondit le professeur vieillissant, je t'ai raconté naïvement le bonheur que j'ai éprouvé, que nous avons tous éprouvé, lorsque nous nous sommes trouvés en contact avec cette singulière apparition, qui est venue rompre la monotonie de notre vie universitaire. Ton rigorisme abstrait, mon cher Fritz, te fait condamner comme un mouvement criminel la moindre jouissance d'imagination, de cœur ou d'esprit. Mais songe donc que nous avons d'autres facultés en nous que celles qui nous portent vers le monde invisible, et que, dans la mesure de nos devoirs, nous devons leur donner à toutes une satisfaction, un développement légitimes.»

Le pasteur frappa doucement sur l'épaule du savant philologue. «Si je suis un rigoriste, mon ami, toi, tu es devenu, à l'école des philosophes grecs, un habile sophiste. Tu m'as parfaitement compris, et tu te retranches derrière de belles formules philosophiques, parce que tu n'oses pas regarder la vérité en face. Notre cœur ne vaut rien, mon ami, il ne vaut rien, pas plus à cinquante ans qu'à vingt; nous avons toujours besoin de l'assistance de Dieu pour lutter contre les penchants qui nous arrachent au devoir, ne serait-ce que temporairement. Toi, tu te sens porté à admirer l'éducation vraiment anormale que le célèbre Schlœzer n'a pas craint de donner à sa pauvre fille. Que veut-il en faire? Elle n'ira point donner des cours publics de philosophie ou d'histoire ou d'arabe. Il se peut que nos mœurs, nos idées changent à ce sujet; en attendant, je tiens que le premier devoir d'un père consiste à préparer sa fille pour une carrière probable, normale, pour celle de mère de famille. J'ai appliqué mes premiers soins, ici même, à faire donner à tous nos enfants, garçons et filles, une bonne instruction élémentaire; celle-là leur servira dans toutes les situations. Nos filles du Ban-de-la-Roche seront ou d'excellentes paysannes à la campagne, ou de braves et fidèles servantes à Strasbourg. Voilà mon ambition pour elles. Schlœzer pouvait destiner sa fille à être la compagne d'un professeur, mais non à professer elle-même le droit romain et germanique ou la physiologie. — A-t-elle de fortes épaules, Mlle Dorothéa Schlœzer?

— Non, la pauvre enfant est assez frêle. Je ne disconviendrai point qu'une application permanente à des études souvent abstraites n'ait été conquise au prix de sa santé, sans profit pour le monde savant et sans gloire pour elle-même.

— Eh bien! tu m'en donneras des nouvelles en temps utile. »

Le professeur Oberlin était devenu très-silencieux, lorsqu'ils commencèrent à escalader les ruines du vieux château de la Roche.

« Tu es toujours satisfait de tes seigneurs du Ban-de-la-Roche? dit le professeur Oberlin à son frère, au moment où ils entraient dans les ruines du donjon qui avait, au moyen âge, abrité les *Rathsamhausen zum Stein*[1], vrais oiseaux de proie, faisant honneur à la qualification accolée à leur nom de famille.

— On ne saurait en avoir de meilleurs, répondit le pasteur; si toutes les seigneuries nobiliaires étaient ainsi pourvues, ce serait un retour vers l'âge d'or. Depuis que la famille de Dietrich a fait l'acquisition du Ban-de-la-Roche, je trouve en elle secours et appui pour toute bonne œuvre, pour toute amélioration. Tu ne la vois jamais à Strasbourg?

— Peu ou point; tu connais nos habitudes casanières. Le fils[2] qui est, comme tu sais, homme de science, se trouve plus souvent à Paris et en tournée dans les quatre coins de l'Europe, qu'en Alsace. Tu le rencontreras, plutôt que moi, ici dans les domaines de son père; rappelle-moi à son bienveillant souvenir.

---

1. A la Roche, de la Roche.
2. Frédéric de Dietrich, fils de Jean de Dietrich. — Frédéric a été le premier maire de Strasbourg (1790-1792); il a péri sur l'échafaud révolutionnaire en décembre 1793.

— Eh bien, Jérémie, toi qui sais tout, connais-tu l'histoire de la famille ? Moi, je vis au jour le jour, et ne puis plus revenir vers le passé.

— Mais oui, superficiellement. Ils descendent d'un réfugié lorrain qui est venu, pour cause de religion, s'établir à Strasbourg. Ils ont eu de suite l'occasion de s'allier aux premières familles patriciennes de la ville. L'ammeistre Dominique Dietrich a été en rapport avec tous les délégués de Louis XIV qui ont résidé à Strasbourg, après le traité de Westphalie. On l'a accusé d'avoir livré la ville, en 1681, au roi de France.

— Le crois-tu ?

— Moi, nullement, loin de là ; Dietrich a louvoyé aussi longtemps qu'il a pu. La ville est tombée comme une poire mûre du haut d'un arbre mal gardé, qu'on appelle l'empire germanique. Le ministre du roi n'a eu que la peine de secouer l'arbre et de ramasser la poire. Voilà en deux mots l'histoire de la fameuse reddition.

— Mais qu'est-ce donc que l'histoire de George Obrecht, que Dietrich aurait fait décapiter ?

— Ah ! ceci, cher frère, serait la matière d'un récit long et tragique. Obrecht était un méchant avocat, qui, une dizaine d'années avant la reddition de la ville, avait fait imprimer et répandre un pamphlet calomnieux sur l'ammeistre; pour répandre le libelle, il avait employé les moyens les plus bas, les plus infâmes. — La loi punissait de mort les libellistes. — Une pauvre servante se trouva par hasard impliquée dans le procès, lorsque l'intrigue infernale de George Obrecht fut découverte; elle faillit périr. Après qu'une instruction judiciaire eut éclairci cette ténébreuse affaire, le magistrat fut impitoyable. Dominique Dietrich intervint, mais inutilement; il parvint seulement à épargner au coupable une mutilation barbare, que prononçait une loi monstrueuse. Mais Obrecht fut exécuté.

— Oh! bon Dieu! s'écria le pasteur, en se cachant la tête dans ses deux mains.

— Qu'est-ce qui te prend, mon ami? Je t'avais prévenu que l'histoire serait tragique; mais un siècle a passé sur cette catastrophe individuelle; et que veux-tu qu'y fasse maintenant la famille?... Dominique Dietrich s'est appliqué à sauver le malheureux; il a eu soin de la veuve et des enfants.

— Que veux-tu que je te dise, mon frère? reprit le pasteur. En voyant aujourd'hui cette famille si heureuse, si florissante, j'étais loin de me douter de tous ces souvenirs tragiques attachés au seuil de leur maison. Que Dieu leur accorde à tous sa protection efficace; que Lui les couvre de son bouclier!»

Le pasteur s'arrêta un instant; son frère lut bien vite sur cette figure recueillie qu'une prière mentale s'élevait en ce moment de cette âme sympathique, qui prenait sa part de toutes les douleurs, même dans le passé des familles, et qui redoutait les épreuves de l'avenir, en face de toute grande prospérité.

Puis ils redescendirent rapidement de l'éminence couronnée par les débris du château de la Roche. En regagnant les villages de la vallée, les ombres du soir s'épaissirent autour d'eux. Ni l'un ni l'autre ne proférèrent plus une parole avant leur rentrée au presbytère.

Les pensées de Jérémie Oberlin erraient sur les traces de son illustre collègue de Gœttingue, et de cette adorable fille, qu'il ne pouvait se lasser d'admirer, même de loin, malgré les avertissements rigoristes de son frère. Ce qui l'avait d'ailleurs le plus frappé dans cette conversation significative, c'était le jugement prophétique prononcé par le pasteur sur l'avenir de Dora Schlœzer. — Le professeur Oberlin avait trop de bon sens pour ne pas donner raison complète aux tristes prévisions de son frère; et dans sa douleur désintéressée, mais toute païenne, lui aussi voyait à l'avance cette fleur délicate s'étioler, pencher sa corolle, et se faner, sans avoir eu, sur terre, d'autre jouissance que celle d'attirer un moment l'attention oiseuse des érudits, et d'inspirer des vers à quelques favoris des muses[1].

Quant au pasteur, il se rappelait, en marchant silencieusement dans le sentier obscur, à quelques pas en avant de son frère, il se rappelait le jour de l'arrivée du comte Jean de Dietrich dans ces vallons; la surprise qu'il lui avait préparée, les femmes et les jeunes villageoises, cachées dans les bois, sur le passage de la famille seigneuriale, chantant des couplets en son honneur, la gracieuse réponse du nouveau seigneur féodal. — Maintenant il croyait entrevoir le néant même de ce bonheur mérité, car les nuages commençaient à s'amonceler à l'horizon; la société était déjà ébranlée dans ses fondements et les pressentiments de la nature de ceux qui tourmentaient Oberlin, n'étaient ni étranges, ni extraordinaires; beaucoup d'esprits sérieux les partageaient avec le pasteur du Ban-de-la-Roche.

---

[1]. Dorothée Schlœzer est morte, de la poitrine, dans le midi de la France.

CHAPITRE XXI.

L'industrie du coton au Ban-de-la-Roche. — Les montgolfières.

En attendant, Oberlin continuait à vaquer à ses devoirs journaliers, et à conjurer les maux à venir, autant qu'il le pouvait. Du moment où il avait vu la population de ses cinq villages s'augmenter dans une rapide proportion, il avait aussi songé à trouver de nouveaux moyens de subsistance; car les ressources de l'agriculture, du jardinage et des forêts allaient se trouver insuffisantes. Il décida, vers 1785, un manufacturier de Sainte-Marie-aux-Mines[1] à établir dans le Ban-de-la-Roche des métiers à tissage et de filature de coton. Cette innovation devint dans le premier moment le signal d'une vive et amère opposition; d'anciennes rancunes semblèrent se ranimer comme un feu mal éteint ou longtemps recouvert par la cendre; on eût dit, un instant, que le fruit de près de vingt années d'efforts allait être perdu.

«Veut-il faire de nos filles des demoiselles? disaient quelques pères de famille récalcitrants; veut-il les enlever aux champs et les enfermer dans leur chambre auprès de leurs métiers?»

---

1. M. Reber.

Oberlin résista, il tint tête à cet orage passager, comme il avait fait dans des temps plus difficiles. Avec une inaltérable douceur, une sérénité parfaite, et un bon sens qui imposait le plus à ces rudes montagnards, il leur fit comprendre, en les prêchant un à un, les avantages matériels, attachés à l'introduction de la nouvelle industrie. Il leur prouva qu'en alliant, dans l'intérieur de leur maison, en hiver, ces travaux pacifiques aux travaux des champs en été, ils parviendraient peut-être à doubler leurs revenus, surtout à donner de l'occupation à des bras et à des mains qui allaient chômer. — Il leur démontra que les vieillards, les enfants, les femmes, les invalides pourraient être, en toute saison, utilisés. — Comment se refuser à la douce éloquence de cette bouche, qui ne s'ouvrait que pour bénir, que pour consoler, rassurer, et qui, même en prononçant des paroles sévères, laissait toujours espérer le pardon et la réhabilitation du pécheur repentant!

L'industrie, introduite par M. Reber, ne fut, au surplus, que le prélude d'un plus grand changement dans les habitudes du Ban-de-la-Roche sous le premier Empire. Nous allons incessamment aboutir à cette dernière époque de la vie d'Oberlin, et nous trouver en face d'un nouvel ami, d'un homme de bien attiré dans le cercle d'action du pasteur, et développant avec lui le bien-être de ces contrées écartées.

Oberlin, absorbé par les travaux de chaque jour, restait étranger au mouvement de la haute littérature et de l'érudition historique ; mais il suivait attentivement les progrès des sciences naturelles ; la physique, la botanique rentraient dans son domaine. Toute nouvelle invention, fût-elle de pure curiosité, attirait son attention, et il en profitait pour l'instruction religieuse qu'il donnait à ses paroissiens de tout âge.

A l'époque où nous sommes parvenus, c'est-à-dire, cinq ou six ans avant l'explosion de la révolution de 1789, les frères Montgolfier avaient vivement impressionné la France et l'Europe par les premiers essais de navigation aérienne ; les premiers ballons aérostatiques avaient été lancés dans l'espace, et le nom des ingénieux inventeurs était pendant quelques années demeuré attaché à cette merveilleuse tentative.

Quoi de plus merveilleux, de plus saisissant, en effet, que ces ballons, qui se remplissent, se gonflent insensiblement, et, impatients, irrités contre les entraves qui les retiennent au dernier moment attachés au sol, semblent, comme des êtres vivants, aspirer vers les régions supérieures du ciel! Oberlin, en expliquant à ses ouailles le mécanisme des montgolfières et les espérances que les hommes de la science attachaient à ce mode étrange de locomotion, prit de là l'occasion de transporter « ses chers enfants » avec lui dans le monde religieux, le seul monde où lui respirait à son aise.

— « Voyez, leur dit-il, dans son langage à la fois familier et éloquent, voyez, ce que les montgolfières sont entre les mains des hommes, nous le sommes entre les mains de Jésus-Christ. Voyez, le Seigneur s'est élevé vers les cieux, après s'être abaissé jusqu'à nous, et il veut nous enlever avec lui vers les demeures étoilées, comme le ballon enlève les navigateurs qui se confient à la nacelle suspendue à ses flancs.

« Oh! que d'enseignements, mes amis, sont renfermés pour nous dans cette découverte nouvelle de la science! Pourquoi les montgolfières s'élèvent-elles?... parce qu'elles sont remplies, gonflées par un air plus pur que celui de notre lourde atmosphère terrestre. Il en est ainsi de nos cœurs; aussi longtemps que nous ne sommes pas remplis de l'esprit de Dieu et d'un sentiment divin, d'un amour pur et désintéressé, nous restons cloués à la terre, comme des ballons vides ou dégonflés...

« Ces montgolfières, vous le devinez bien, mes amis, peuvent être plus ou moins grandes ; selon leur capacité, elles reçoivent plus ou moins d'air pur, et s'élèvent plus ou moins haut... Eh bien ! notre capacité de recevoir le Saint-Esprit est aussi proportionnée à la grandeur de l'asile que nous pouvons lui offrir ; notre soif du Saint-Esprit croît avec notre soif de la vie d'en haut, de la vie éternelle.

... « Et maintenant, suivez avec moi ce ballon qui s'élève et qui bientôt va échapper à notre faible vue ; le voilà qui touche à la région des nuages, il les a traversés ; il flotte, il nage, il navigue dans l'éther ; il monte et monte toujours ; il ne s'arrête que lorsqu'il s'est mis en équilibre avec l'air pur qui l'enveloppe et avec la caresse de son étreinte fraternelle. Ainsi, mes amis, ainsi font les disciples de Christ ; ils ont le mal du pays ; il les fait arriver à l'entrée, puis au sein même du paradis ; ils s'élèvent toujours, jusqu'à ce qu'ils arrivent dans un milieu qui leur est conforme, jusqu'à ce qu'ils puissent dire : Ah ! nous avons pénétré jusqu'au pied de la montagne de Sion et aux portes de la Jérusalem céleste ; jusqu'auprès de ces premiers-nés, inscrits sur les registres du ciel, jusqu'au pied du trône de Dieu, notre juge, jusqu'aux pieds de notre médiateur, dont le sang est plus pur, plus éloquent que celui d'Abel.

« Oh! mes chers amis! qu'il fait bon à cette hauteur! et que c'est chose facile d'y arriver, lorsque, comme les premiers disciples du Christ, on est imbu de l'esprit de Dieu, et qu'à toute force on veut faire valoir son droit de citoyen céleste. — Voyez! le ballon est plein; il veut monter, il frémit; il tremble d'impatience... voyez! ils sont dix, vingt hommes à le retenir par des chaînes et des cordages; mais lui veut monter et il montera, il les forcera de crier: Lâchez tout!... Oh, mes amis: montons, élevons-nous avec lui; regardons comme un malheur, pire que la mort, d'être loin de Jésus... et entretenons en nous cet air pur, ce souffle de Dieu; veillons et prions, car sans les veilles, les jeûnes et la prière, l'esprit de Dieu nous abandonne, et nous retombons à terre dans l'atmosphère vicieuse que nous venons à peine de quitter.

« Il y a peu d'années encore, mes bons amis, si l'on était venu nous parler de montgolfières, je dis à nous — mais non, si l'on avait parlé aux plus savants de ces ballons qui s'élèvent au-dessus des nuages, les savants auraient souri de dédain et de pitié; ils auraient renvoyé aux petites-maisons le fou qui leur aurait fait de pareilles révélations. Et maintenant, qu'en dites-vous? maintenant les montgolfières sont une vérité vraie, vulgaire, reconnue de tous, on y croit parce qu'il faut bien y croire. Ainsi, mes amis, il en sera un jour des vérités chrétiennes; ce qui aujourd'hui paraît invraisemblable, ridicule, fabuleux, ne le sera plus un jour; la folie de la croix sera un jour la vérité vraie, la seule vérité, et le monde, transformé comme par enchantement, redeviendra le jardin céleste, l'Éden, le paradis tel qu'il était, avant la chute de nos premiers parents. »

Et lorsqu'il parlait ainsi, sa figure s'illuminait; elle était radieuse, l'Esprit-Saint descendait visiblement sur lui. En de tels moments, un observateur à la fois intelligent et rempli d'un bienveillant attachement pour le prédicateur, pouvait deviner l'action irrésistible exercée par cet homme si simple dans ses rapports journaliers; il aurait, dans l'éclair de ses yeux pénétrants, d'ordinaire doucement voilés, dans cette voix vibrante, ordinairement si douce et si tendre, dans ces élans du corps, d'habitude si calme, si mesuré dans tous ses mouvements, il aurait pu reconnaître à la fois le pionnier intrépide qui entraînait avec lui des centaines de bras, et le prophète qui révélait à ses disciples croyants les splendeurs de la Jérusalem céleste.

La cour de Louis XIV s'est assise plus d'une fois au pied d'une chaire, du haut de laquelle retentissaient les accents d'une sublime éloquence. C'était tantôt une voix impétueuse qui grondait comme le sourd roulement du tonnerre, tantôt une voix presque molle comme celle d'une sirène, qui conviait aux délices de l'amour divin, au festin des bienheureux et des Élus. Bon Dieu! la voix de ce pasteur inconnu, ignoré au fond des Vosges, sur les bords d'un torrent qui n'a point de nom, dans les dictionnaires de géographie, le faible filet de voix de ce pasteur aurait été, à côté de ces géants de l'éloquence chrétienne, semblable au chant inculte de la pauvre alouette; mais le chant de l'oiseau dans la solitude annonce aussi la gloire de Dieu; et le moissonneur, courbé sur le sillon, le moissonneur qui entend ces accents aériens au-dessus de sa tête, et qui entonne avec l'alouette son action de grâces à l'Éternel, ce travailleur a une âme à l'égal de celle des rois et des princes, et peut-être est-elle arrivée à l'entrée et au cœur du divin séjour avant l'âme des puissants du monde, qui étaient enseignés par la voix de Bossuet et de Fénelon.

CHAPITRE XXII.

Oberlin et son frère pendant la Terreur.

Oberlin, lorsque éclata la révolution de 1789, n'en fut ni surpris, ni bouleversé. Quoiqu'il vécût loin de tout grand centre de population, les symptômes avant-coureurs du mouvement avaient été si nombreux, si visibles pour l'œil le moins exercé, que le pasteur, même sans avoir l'instinct politique, aurait pu en être frappé. Le grand relâchement dans les mœurs, puis les écrits des philosophes athées du dix-huitième siècle l'avaient effrayé; il pressentait quelque grand châtiment de Dieu, et dans ses veilles, il lui semblait plus d'une fois que la main du juge irrité pourrait bien s'étendre jusque sur sa paisible vallée. — Cependant les cinq premières années (juin 1789 jusqu'en juin 1794) se passèrent pour le Ban-de-la-Roche dans une situation calme, ou du moins peu troublée, lorsqu'on la comparait à celle de la plaine et des grandes villes de la République française. Les agitateurs terroristes du dehors ne s'étaient pas égarés dans ces vallons, soit qu'ils les eussent dédaignés, soit que le renom de la haute vertu d'Oberlin eût imposé même à ce pouvoir terrible qui faisait alors tomber des têtes comme le moissonneur fauche les épis.

Bref, on avait pendant longtemps respecté l'asile d'Oberlin, qui continuait à prêcher l'Évangile, à donner l'instruction religieuse; seulement il avait adopté pour ces réunions d'édification, je ne sais plus quel terme pour satisfaire les jalouses exigences des puissances du jour. Le Ban-de-la-Roche devint même le refuge de plus d'une famille noble ou patricienne, qui allait cacher son nom et son existence sous l'aile protectrice du pasteur de Waldbach. C'était, au milieu de ce déchaînement d'une tempête, un vrai port de salut. J'ai entendu raconter que plusieurs membres de la maison de Dietrich, et quelques-uns de leurs parents et alliés s'étaient réfugiés dans ce coin reculé du vallon de la Bruche; d'autres familles s'y étaient de même cantonnées, sans être directement inquiétées. On se tenait fort tranquille, bien entendu; et lorsqu'un nouveau proscrit, un fugitif arrivait, on recueillait de ce témoin effrayé le récit des derniers événements sur la frontière et dans l'intérieur de la France. Ces nouvelles du dehors venaient comme un mauvais rêve ou comme un cauchemar troubler cette quiétude des réfugiés, et d'un moment à l'autre, on s'attendait bien aussi à une invasion du fléau qui ravageait la plaine.

Au milieu de ces angoisses de plus en plus cruelles, Oberlin ne mettait point son espoir, comme beaucoup de ces citadins, campagnards malgré eux, dans tel ou tel événement heureux, que l'on attendait du jour au lendemain; il ne disait point: Le parti modéré triomphera sur le parti sanguinaire et anarchique ; car le bon droit et le bon sens se trouvent du côté de la modération; il ne disait pas : Les princes français rentreront; car ils ont l'Europe armée pour eux ; il ne disait pas : La loi et le bon droit triompheront; car la majorité de la nation n'est qu'intimidée; mais elle veut le règne de la loi et du droit. — Non, Oberlin, quelque sensés que fussent ces discours, Oberlin ne parlait point de la sorte; il mettait autre part le salut de tous, le salut de sa famille et le sien. Il savait que Dieu seul peut changer le cœur des hommes, et c'est à Dieu seul qu'il s'adressait pendant ces terribles années. Lorsque toute sa maison était plongée dans le sommeil, il cherchait des forces dans la prière, et les forces lui venaient, jour par jour, heure par heure, selon qu'il en avait besoin.

Deux coups terribles cependant lui étaient réservés, et certes, s'il n'avait reçu, grâce à sa foi vive, des secours surhumains, lui aussi il aurait fléchi. — Dans le courant de l'arrière-saison de 1793, il apprit que son frère Jérémie avait été arrêté à Strasbourg par ordre du Comité révolutionnaire, et qu'on l'avait transféré, avec quelques compagnons de malheur, dans les prisons de la ville de Metz. Oh! ce jour-là, il baissa tristement la tête, et se cacha, pour que ses enfants ne fussent pas témoins de sa douleur, et ne vissent pas les larmes ruisseler le long de ses joues. Heureusement, il ne connaissait pas tous les détails de ce cruel voyage; il ignorait que son frère avait eu les menottes aux mains comme un vil criminel, et que des privations de toute nature, sur la route et dans les premiers temps de sa captivité, avaient mis à une rude épreuve la fermeté de ce noble caractère. En cette circonstance, comme toujours, Oberlin plaignait doucement son frère, qui ne partageait pas toutes ses convictions chrétiennes, et qui cherchait plus volontiers ses consolations dans la lecture des grands génies de l'antiquité que dans les simples versets de l'Écriture sainte.

Ce n'était pas tout ; l'arrestation de Jérémie Oberlin était venue troubler le pasteur du Ban-de-la-Roche, dans un moment où il avait déjà besoin de toute son énergie et de sa résignation, pour ne pas fléchir sous une autre douleur. Son fils aîné, Frédéric, était parti pour l'armée, au commencement de 1793 ; il mourut sur la frontière, au mois d'août de la même année.

Dans les premiers jours de 1794, on vint prévenir Oberlin que le fils de l'ancien seigneur du Ban-de-la-Roche, que Frédéric de Dietrich, le maire de Strasbourg, avait péri sur l'échafaud révolutionnaire, à Paris. Il fallut que le malheureux pasteur, lui-même frappé dans ses plus chères affections, allât préparer les membres de la famille retirée à Rothau ; il dut les encourager, lutter contre leur désespoir, prêcher la soumission aux décrets du Ciel, calmer les haines, enseigner le pardon, montrer le Christ sur la croix prononçant des paroles de douceur et de paix, et faire en dernier lieu un appel à la foi, qui trouve une solution aux énigmes de la vie dans l'Écriture inspirée. Oh ! qu'il était beau, qu'il était grand, qu'il était persuasif dans ces moments solennels ! Comme il savait arrêter les faibles et les vacillants sur le bord de l'abîme où ils allaient se précipiter, poussés par le démon de la folie ou par la frénésie du suicide.

Ces coups, qui se suivirent de près, devaient préparer le pasteur de Waldbach lui-même au sacrifice de sa propre liberté, peut-être de sa vie. Vers la fin de juillet 1794, il reçut l'ordre de se constituer prisonnier, à Schlestadt, avec son collègue, le pasteur Bœckel de Rothau. Les deux amis se rendirent, sans escorte et sans sourciller, par le val de Villé, au lieu de leur destination, et furent un moment consignés dans une auberge. Ils s'y trouvèrent à table, en contact et en compagnie avec des membres tout-puissants de la municipalité locale. La conversation fut moins contrainte qu'on n'aurait pu le croire à une époque pareille, et les deux pasteurs, loin de baisser pavillon devant leurs commensaux, professèrent leurs doctrines politiques et religieuses avec une franchise qui pouvait leur coûter cher. Mais l'un et l'autre avaient le cœur haut placé; sans doute ils se disaient que la pusillanimité, loin de les sauver, ne ferait que les déconsidérer aux yeux des proconsuls de la localité. Les serviteurs du Christ n'auraient évidemment pas consenti à renier leur maître, même si leur liberté avait été mise à ce prix.

Pendant qu'Oberlin était confiné dans la maison d'arrêt de Schlestadt, l'un de ses amis de Strasbourg fut témoin d'une scène émouvante au presbytère de Waldbach. La nouvelle de l'arrestation du pasteur s'étant répandue dans le pays, l'ami en question[1] avait eu hâte de se rendre au presbytère du Ban-de-la-Roche pour y porter à la famille du prisonnier ses consolations, ses conseils, et au besoin son assistance matérielle. Lorsqu'à l'improviste il entra dans la chambre commune du presbytère, c'était vers le soir, il y trouva les enfants d'Oberlin et la fidèle Louise Scheppler, à genoux, demandant au Père céleste, protecteur des opprimés, de leur rendre le chef de la famille. Pas une parole amère, pas une plainte violente ne passa sur les lèvres de ces malheureux orphelins, lorsqu'ils se furent aperçus de l'arrivée de cet ami. En l'engageant à se joindre à eux dans la supplication qu'ils adressaient à Dieu, ils parlaient de l'absence du « père », comme d'une simple

---

1. C'était, si je ne me trompe, M. Ehrenfried Stœber, le poëte et littérateur, père de MM. Auguste et Adolphe Stœber, qu'il suffit de nommer dans une brochure publiée en Alsace, pour que leur droit de cité dans la république des lettres soit reconnu. — M. Stœber père est l'auteur d'une biographie détaillée d'Oberlin; j'y ai puisé plus d'un renseignement utile.

épreuve, que Dieu, et non le gouvernement, leur imposait, et que lui seul pouvait raccourcir ou prolonger selon sa volonté. L'esprit du maître de la maison était présent au milieu des siens; ils se sentaient si bien unis à lui par les liens d'une mystérieuse et éternelle affection que même cette séparation cruelle n'altérait pas la douce sérénité de leur âme. Leur cœur saignait, et de temps à autre une larme involontaire s'échappait de leurs yeux; mais ils puisaient dans les regards, l'un de l'autre, la force nécessaire pour traverser ces mauvais jours. — L'ami qui était venu pour rassurer cette famille toute chrétienne, reprit le chemin de sa ville natale, à la fois édifié et humilié.

Fort heureusement la fin de la crise terroriste approchait; le 9 thermidor rouvrit les prisons; Oberlin put, après une courte absence, reprendre le chemin de son vallon chéri. Avec quels transports ne fut-il pas reçu par les siens, et les siens c'étaient tous les habitants des cinq villages. Pour cette fois, le torrent de la joie avait débordé, et dans les premiers moments du revoir, cet équilibre moral que le pasteur voulait maintenir en toute circonstance fut rompu; les scènes d'intérieur et la joie publique du Ban-de-la-Roche, au moment de la chute de Robespierre, me rappellent vivement une circonstance analogue, qui se produisit au même moment à Strasbourg, lors de la mise en liberté des ecclésiastiques incarcérés. C'était à la nuit tombante, et le digne pasteur qui m'a raconté cette scène, en avait, à vingt-cinq ans de distance, les larmes aux yeux.

« Nous sortions, me dit-il, mes confrères et moi, avec une impression de bonheur que rien ne peut rendre, de la maison d'arrêt; nos poitrines se dilatèrent; l'air pur et le ciel étoilé reçurent nos premiers saluts; puis nous fûmes réveillés de notre extase bien naturelle par l'acclamation d'un garde national, placé comme factionnaire à la porte de la maison de détention: «Ah! voici nos braves pasteurs qui sortent, s'écria le citoyen-soldat; Dieu soit loué! maintenant, je passerai volontiers toute la nuit en faction!» —

Que dites-vous d'une accolade pareille! que dites-vous de cette critique éloquente d'un système qui tombe? le garde national qui pousse ce cri de joie à la vue de ces «libérés», n'est-il pas le digne frère des habitants de Waldbach, qui se précipitent au-devant de leur pasteur, rendu à son domicile et à son fidèle troupeau?

Une autre joie bien vive était réservée à Oberlin, peu de temps après sa rentrée au presbytère. Le

9 thermidor avait aussi rendu la liberté au frère du pasteur. Jérémie Oberlin, avant de retourner à Strasbourg, éprouvait le besoin irrésistible de traverser les Vosges et de porter à son ami fraternel, dans la première effusion de son bonheur, les prémices de sa gratitude. Il se disait protégé, sauvé, réconforté par les prières de ce serviteur de Dieu. Pendant la pénible traversée de Strasbourg à Metz, lorsque, les fers aux mains, il croyait marcher vers une réclusion prolongée ou à la mort, il s'était senti, dans les moments les plus cruels, soutenu comme par une main invisible; il avait senti un baume couler sur les plaies saignantes de son cœur, un baume, dont il ignorait la source, et que lui n'avait pas eu la force de demander. A qui aurait-il pu attribuer cette assistance inespérée? l'image de son frère absent vint toujours dans ces angoisses se poser comme celle d'un ange consolateur devant ses yeux, et calmer la fièvre de ses sens, les colères et la révolte de son esprit humilié; il sentait d'inspiration que ces secours lui arrivaient, grâce à l'intercession de cet ange gardien qui lui apparaissait sous les traits d'un être uni à lui par les liens du sang et d'une indissoluble amitié.

Oberlin apprit du professeur que sa captivité

avait été douce, que dans les derniers temps un citoyen notable de Metz s'était porté garant pour lui et avait obtenu son élargissement provisoire, qu'il avait pu circuler librement dans l'enceinte des fortifications, et s'adonner de nouveau à ses études classiques. « Mon cher frère, lui dit le pasteur, Cicéron ne t'a point enseigné ce que l'Évangile dit à chaque page; je veux bien croire qu'il t'a distrait, mais non rassuré.... Vois-tu, lorsqu'il y a deux mois je cheminais dans le val de Villé, avec mon collègue Bœckel, vers les prisons de Schlestadt, je croyais bien ne pas revoir de sitôt nos belles montagnes, et nos vertes prairies, et nos fraîches forêts. Et pourtant j'étais tranquille et confiant dans les promesses du Seigneur... je m'attendais à lui, à lui seul..., et lorsque mon excellent confrère me dit, d'un ton moitié railleur, moitié sérieux : « Nous sommes tout de même des brebis bien douces et bien obéissantes: pourquoi, en fin de compte, nous livrer ainsi nous-mêmes à la boucherie? Nous avons partout, dans ces environs, des amis; et si nous nous cachions, ou si, pour ne pas les compromettre, nous cherchions à gagner la frontière...? — Vous ne parlez pas du fond de votre cœur, lui ai-je répondu, en posant mes deux mains sur ses épaules; vous savez comme moi que, si nous émigrons en ce moment, nous compromettons nos familles; elles expieront notre fuite. Frédéric de Dietrich est rentré volontairement en France, après les journées de septembre, et il s'est livré au couteau, pour sauver les siens; c'était un disciple de Voltaire..., et nous, les disciples du Christ!... ah! cher confrère, je vous connais trop pour ne pas savoir que vous avez poussé, par désespoir, ce dernier cri de liberté, comme l'oiseau qu'on met en cage jette à l'air libre un dernier accord de sa pauvre voix.... »

« Voilà, mon cher frère, ce qui s'est passé entre le pasteur de Rothau et moi; voilà ce qui s'est passé en moi avant de me confiner à Schlestadt. Et puis, je pensais aussi à toi, mon pauvre Jérémie, je me disais que tu étais bien plus à plaindre que moi, et pendant ce triste pèlerinage, qui, selon toutes les prévisions humaines, devait aboutir à une catastrophe, j'étais sûr que dans les prisons, et au besoin sur l'échafaud, Dieu aplanirait la route devant mes pieds et m'aiderait à franchir, avec sérénité, le dernier passage. »

CHAPITRE XXIII.

Suites de la Terreur. — Les assignats discrédités. — Caisse d'épargne d'Oberlin.

Les épanchements des deux frères devaient être de courte durée ; des devoirs impérieux appelaient l'un et l'autre à de nouvelles luttes, la lutte contre la misère ; car l'appauvrissement de tous avait été la suite de ces trois années de crise : il fallait réparer partout des brèches et essayer de vivre avec peu, en quelque sorte avec rien. Au sortir de grandes convulsions sociales, de guerres ou de famines, la détresse générale enseigne à réduire au strict nécessaire les exigences de chaque jour, et l'on apprend à connaître combien, à vrai dire, est petite la somme de nos vrais besoins. La sentence du poëte anglais se confirme alors dans son acception la plus littérale :

Man wants but little here below,
Nor wants that little long[1].

Le pasteur ne pouvait pas songer à percevoir le moindre denier de son ancien traitement, payé

---

[1]. L'homme n'a besoin que de fort peu ici-bas, et de ce peu il n'en a pas besoin longtemps. (Goldsmith.)

par le seigneur local; ses paroissiens, quelque affection qu'ils eussent pour leur père et leur guide, n'avaient pas le pain quotidien pour eux-mêmes; il fallait bien qu'Oberlin avisât d'autres ressources pour faire face à l'urgence. Les temples d'ailleurs n'étaient pas officiellement rouverts; ses fonctions pastorales, il les remplissait sous le couvert et sous l'apparence d'entretiens civiques et patriotiques. Il prit une patente d'artisan, comptant, grâce à ses aptitudes multiples, se procurer quelque menu secours, par le travail de ses mains.

Les familles des citadins de la plaine, réfugiés à Rothau pendant la Terreur, avaient des enfants, des fils; elles vivaient aussi à l'aide des débris de leur ancienne fortune; mais, en fin de compte, elles vivaient. Oberlin réunit dans son étroit presbytère un certain nombre de ces enfants, à titre de pensionnaires : leur éducation physique était forcément spartiate ; cette pension improvisée aida le pasteur à passer les premiers temps qui suivirent la Terreur, sans couler à fond dans ce naufrage de toutes les positions. Et à peine eut-il, à force d'activité et d'intelligente économie, réparé les premières brèches, — que lui, simple citoyen, pauvre mais inspiré par un sentiment d'équité tout à fait exceptionnel, résolut de réparer aussi, dans la mesure de ses forces, une grande iniquité.

Les assignats, ce papier-monnaie, créé à l'entrée de la Révolution pour faire face aux besoins publics et privés, avaient perdu toute valeur, toute signification; on en avait multiplié l'émission à un point inouï; la valeur du gage primitif — des biens et domaines nationaux, — affecté à leur rachat ultérieur, était depuis longtemps dépassée; la contrefaçon en avait jeté des masses énormes dans la circulation; bref, ces assignats qui dans le principe avaient ou devaient avoir cours comme nos billets de banque actuels, n'étaient plus que des chiffons de papier. Des milliers de pères de famille, qui recevaient forcément ces chiffons, en restitution de titres sérieux, en payement de sommes qu'ils avaient en des temps meilleurs prêtées en bons deniers comptants, ces pères de famille se trouvaient ruinés, et livrés à une cruelle détresse.

Voici le raisonnement que fit Oberlin. — « Les assignats représentent une dette nationale, une dette d'honneur. L'État s'est engagé à les regarder comme de l'or en barres, à les racheter à leur valeur première, dès qu'il aurait vendu tous les biens nationaux, tous les domaines disponibles, et dès que les temps seraient devenus plus calmes. Maintenant ces temps de calme semblaient revenir ; les domaines étaient vendus ; mais l'État ne se hâtait point d'acquitter sa dette, de remplir ses promesses ; les citoyens, qui, de confiance, ou sous l'empire d'une loi draconienne, avaient dû accepter ces assignats, étaient punis de leur bonne foi ou de leur obéissance. »

Oberlin, dans l'honnêteté foncière de son cœur, et avec un civisme qui aurait dû trouver beaucoup d'imitateurs, se dit ou se persuada que chaque citoyen était tenu, selon sa capacité et sa fortune personnelle, de racheter, autant que possible, ces assignats *au pair*, c'est-à-dire, selon leur valeur primitive, et ce projet, il le mit, dans son petit cercle, très-sérieusement en exécution. Voici comment il procéda :

Dans le dénûment même le plus complet, Oberlin, je l'ai déjà dit, trouvait toujours moyen de faire des épargnes. — Une partie de ses économies fut appliquée au rachat des assignats qui se trouvaient entre les mains de ses paroissiens. *Pendant vingt-cinq ans,* il s'appliqua systématiquement à cette œuvre, avec une conviction, une foi entière, dans l'utilité, dans l'efficacité de son entreprise. Il parvint ainsi, pour des sommes considérables, — en ayant égard à la modicité de ses ressources, — à faire rentrer une partie de ses ouailles dans une fraction de leur ancien avoir. Lorsque l'argent lui manquait, pour satisfaire à ce pieux devoir qu'il s'était librement imposé, il donnait des instruments de labour ou de menuiserie ou de charpentage à ceux de ses paroissiens qui en avaient besoin, et il acceptait d'eux, en échange ou en payement, les assignats à leur ancienne et première valeur.

C'était de la folie, me direz-vous; car, finalement, qu'obtenait-il par ces restitutions partielles? c'était une goutte d'eau jetée dans le gouffre de l'Océan, les milliards d'assignats ne pouvant plus être rachetés!...

Que voulez-vous que je réponde?... à un point de vue purement humain, et en établissant un calcul purement matériel, vous êtes tout à fait dans le vrai; vous avez raison. Oberlin, en rachetant au bout d'un quart de siècle, pour quelques milliers de francs, quelques bribes d'assignats, ne diminuait pas d'une manière appréciable l'immense dette nationale. La perte était depuis longtemps acceptée par les détenteurs de ces papiers discrédités; personne n'y songeait plus; lui seul,

Oberlin seul, s'appliquait à ce ridicule travail des Danaïdes!...

...Non! il n'était pourtant point fou!.. il exécutait, dans son petit coin, une œuvre de réparation. Supposez que la même œuvre eût été entreprise et poursuivie par l'État, par tous les particuliers, par tous ceux qui s'étaient acquittés de leurs dettes réelles, en forçant leurs créanciers à accepter ces chiffons de papier, supposez que tous, mus par le même sentiment d'équité qu'Oberlin, eussent agi comme lui, quelle révolution bienfaisante se serait opérée dans les esprits! quelle confiance illimitée dans l'avenir, dans la bonne foi publique, dans la sainteté des promesses! Non, Oberlin n'était point fou, il était chrétien dans la plus large acception du terme; il était dupe volontaire; il donnait un exemple qui ne sera point suivi, mais qui fait honte à l'égoïsme public et privé et qui devrait être inscrit, comme un acte de dévouement sublime, dans les annales financières de la France.

Pour exécuter des résolutions de cette nature, il faut des convictions peut-être aussi fortes que celles qui s'appliquent à des questions de dogme religieux, ou qui portent sur des idées rattachées au monde invisible. A cet égard, Oberlin avait une manière de voir nettement arrêtée. L'étude de l'Ancien Testament l'avait surtout fortifié dans la croyance que les fautes des pères sont recherchées et punies dans les générations suivantes. La banqueroute des assignats était, à ses yeux, un crime. A l'inverse du mot d'un diplomate célèbre, pour Oberlin le crime était plus qu'une faute, dans les appréciations morales. Il était sûr que des malheurs publics pèseraient et fondraient sur notre pays, si l'on ne parvenait à réparer cette flagrante iniquité. Qui oserait blâmer cette conscience délicate, même en ne partageant pas ses prévisions sinistres?

Dans la répartition de ses modiques revenus, le pasteur du Ban-de-la-Roche avait établi un système régulier, dont il ne déviait jamais. Il s'était fait une loi, par exemple, d'appliquer les trois dixièmes de ses rentrées à des œuvres de charité. Il avait une caisse d'épargne pour chaque dixième de revenus, et à chacune de ses caisses il affectait un registre spécial, tenu avec une scrupuleuse régularité. La fraction du premier dixième était destinée au service divin, aux maisons d'école, à la solde des directeurs et des directrices de salles d'asile, à l'achat de bibles. C'est ce qu'il appelait la *boîte du bon Dieu*. Une autre boîte appartenait aux choses utiles, au bien public en général. Dans cette rubrique rentrait l'amélioration des chemins conduisant aux églises et aux écoles; les subventions pour les instituteurs, pour les dîners du dimanche, donnés ce jour-là aux pauvres et aux membres des conseils presbytéraux; pour la restauration des dommages causés par les accidents. Une troisième boîte appartenait exclusivement aux aumônes.

La subdivision de ces revenus n'était peut-être pas conçue avec la rigueur d'un système financier contemporain; mais le bien qu'Oberlin faisait dans sa petite sphère, était réel, permanent. Ce n'est point la réglementation rigoureuse, judaïque, qui fait les bons administrateurs, c'est l'active application d'un plan conçu dans un cœur charitable, plutôt que par une tête calculatrice.

Oberlin avait des idées fort arrêtées en fait de dogmes; mais les œuvres de charité étaient, en dernière analyse, chez lui le noyau de la doctrine chrétienne. Donner, encore donner, et toujours donner sous toutes les formes, avec intelligence, mais surabondamment, c'était là l'alpha et l'oméga de son catéchisme et de ceux qui voulaient se dire, avec lui, les vrais disciples du Christ. Aussi, à peine eut-il dans sa paroisse extirpé la racine

de la misère, et amené dans la majorité des familles un bien-être relatif, qu'il insista sur cette nécessité de n'être que l'administrateur des biens que Dieu vous accorde. S'il avait commencé par lutter contre la nonchalance, l'indifférence de ses ouailles à l'endroit du sage gouvernement de leurs petites affaires, maintenant il s'appliquait à opposer une digue à l'amour inné du lucre. Dans son esprit, les plus pauvres devaient, pour leur part, contribuer à certaines œuvres de charité. — Je dis : qu'ils devaient ; sans que ce terme implique la contrainte. Oberlin exhortait, ne commandait pas. Il montrait la porte étroite qui conduit au salut ; mais il ne forçait personne d'y passer ; à ses yeux, la liberté la plus complète régnait à l'entrée et au cœur même du royaume de Dieu.
— Toujours et partout, il prêchait d'exemple comme de parole ; dans les occasions solennelles, il faisait entendre les menaces de châtiments éternels ; mais ce grondement du tonnerre qui devait intimider les méchants et contenir les tièdes, n'altérait que rarement la sérénité de son front et la limpidité de ses yeux. Son abnégation finit par porter des fruits. Le nom d'Oberlin commençait à se répandre de plus en plus ; il n'y avait rien mis du sien, pour conquérir cette espèce de renom-

mée qui allait s'attacher à sa personne; et les secours que lui valurent son caractère et son œuvre de charité, poursuivie maintenant depuis une trentaine d'années, ces secours, il les appliquait scrupuleusement à sa paroisse; jamais il ne songea un seul instant à faire profiter les siens de l'appui qui lui venait d'outre-Rhin, d'au delà des Vosges, et d'au delà du détroit de la Manche.

CHAPITRE XXIV.

Oberlin sous le premier Empire. — Lezay-Marnésia.

Sous le Consulat et le premier Empire, Oberlin commençait donc à jouir du fruit de ses longs labeurs. Son existence, toujours occupée, remplie par les bonnes œuvres, ne présentait plus le spectacle d'une lutte journalière contre des difficultés sans cesse renaissantes. Il y a, fort heureusement, dans la carrière de tout homme, quelques-uns de ces points de relâche, où il est permis de respirer, de se reposer un instant, de regarder en arrière et en avant, de juger l'espace parcouru, les résultats conquis — et en même temps de rassembler des forces pour faire face, le lendemain, à de nouveaux embarras.

Si je dis qu'Oberlin vécut plus calme pendant

ces premières années du dix-neuvième siècle, il ne faut point prendre mon dire à la lettre; les pénibles épreuves ne lui furent pas épargnées du tout au tout. Ainsi l'automne de 1806 fut attristé par la nouvelle qu'il reçut de la mort subite de son frère, que l'on avait trouvé, le 8 octobre, étendu par terre, au pied de son lit; un coup d'apoplexie venait de frapper l'illustre savant.

En 1809, Oberlin vit partir son fils Henri, comme précepteur, pour la Livonie, et l'une de ses filles, mariée au missionnaire Graf, pour les bords du Wolga. Cette double séparation affligea le pasteur vieillissant, presque autant qu'auraient pu le faire des adieux éternels. A cette époque, la Russie c'était le bout du monde; les bords du Wolga sont bien près de la Sibérie; la perte antérieure de trois de ses enfants devait inspirer au pasteur de Waldbach des appréhensions qui n'étaient pas tout à fait chimériques. La disette de 1812, avant l'entrée de la campagne de Russie, se fit aussi sentir avec ses dures étreintes au pauvre Ban-de-la-Roche, mais elle ne fut qu'un avertissement avant-coureur d'événements plus graves et d'une famine beaucoup plus cruelle.

Toutes les personnes dont les souvenirs remontent à la fin du premier Empire, savent à quel point les lois et les règlements sur la conscription étaient rigoureusement appliqués. C'était une position difficile que celle d'un pasteur, assistant à l'affliction de beaucoup de familles, et devant apaiser des douleurs poignantes, prêcher le calme et la soumission, faire sortir enfin de ces afflictions mêmes des enseignements profitables à l'âme et au salut de ses paroissiens.

Encore sur ce terrain, Oberlin avait pour lui l'autorité de l'exemple, donné par sa propre famille. L'aîné de ses fils qui portait le même nom de baptême que lui, Frédéric ou Fritz, était mort, comme soldat, au service du pays, à l'entrée de la Révolution; Henri, le second de ses fils, était resté dans les rangs de l'armée active, aussi longtemps que sa frêle constitution le lui avait permis. Un troisième fils, Charles, avait été officier de santé. Ainsi le pasteur du Ban-de-la-Roche avait payé largement sa dette à la chose publique. Son principe de « la soumission aux puissances, qui sont les représentants de la volonté de Dieu, » n'était pas une vaine sentence; il avait lui-même *obéi ;* il pouvait donc, à bon droit, prêcher l'obéissance.

D'ailleurs, les punitions graves qui avaient frappé quelques récalcitrants, quelques réfractaires — punitions qu'il n'était au pouvoir de personne de mitiger — venaient à l'appui de ses recommandations.

« Chers amis, disait-il à ses paroissiens, il y a des parents qui craignent pour leurs fils; ils sont dans une grande inquiétude; ils n'aiment point cet état de soldat.

« Il est vrai, beaucoup de parents ont grand sujet de craindre et de frémir pour leurs fils. Mais les parents qui sacrifient leurs garçons à Dieu, les lui recommandant toujours, et le suppliant sans relâche d'en faire des serviteurs de Jésus-Christ, ont tort de s'inquiéter.

« Tous les soldats deviennent-ils méchants? non, car vous avez parmi vous des hommes très-estimables, très-rangés, qui ont porté les armes, tandis que ceux qui restent dans le pays, sans servir dans l'armée, ne sont pas tous bons et d'une conduite exemplaire. Abandonnez vos fils à la conduite de Dieu, sans réserves, sans condition, et une tranquillité ineffablement douce descendra sur vous. »

Quant au faux témoignage que pourraient prêter quelques-uns, pour affirmer que tel conscrit est affligé de telle ou telle infirmité, Oberlin est inexorable à l'endroit de pareils mensonges... Non-seulement il montre les peines temporelles,

les rigueurs de la loi qui atteignent de semblables méfaits; mais il ne veut point que l'on se révolte contre la volonté divine. « Dieu agissant par les supérieurs, quiconque se charge de la croix que le Seigneur lui impose, en recueillera gloire et bonheur. »

On se rappelle qu'Oberlin était de toute manière partisan de l'état de soldat. Il trouvait dans la discipline militaire le symbole d'une discipline plus élevée ; et dans la soumission volontaire à la règle il voyait un premier échelon vers une soumission plus complète de l'homme tout entier à la volonté divine.

Il blâmait donc de conviction la joie que manifestaient, au moment du tirage au sort, les heureux qui *gagnaient*, c'est-à-dire qui tiraient un bon numéro. — « Votre joie, leur disait-il, offense, blesse et attriste ceux qui *perdent*, comme on s'exprime à tort. Vous vous laissez donc aller à un mauvais sentiment, dépourvu de toute charité, en face de ceux qui sont affligés. Vous montrez un cœur barbare, que Dieu châtiera dans l'occasion ; vous vous réjouissez, sans savoir s'il n'eût pas cent fois mieux valu pour vous d'être appelés sous les drapeaux, et de mourir au champ d'honneur. Oh! que Dieu vous épargne des tribulations plus amères, et qu'il change vos cœurs cruels en cœurs compatissants ! »

Vers la fin du premier Empire, Oberlin se trouva en rapport avec deux hommes qui exercèrent une influence considérable et heureuse sur son existence ; l'un était le préfet du Bas-Rhin, *Lezay-Marnésia*, l'autre un fabricant de Bâle, *Daniel Legrand*.

Nous avons vu, à deux ou trois reprises déjà, dans cette carrière, d'ailleurs si simple, si calme, d'Oberlin, nous avons vu dans les instants de crise, l'intervention d'un homme ou d'une femme donner un autre cours à son existence et lui apporter soit un secours, soit une direction inespérée. Ainsi, au moment où il allait accepter une position d'aumônier, le pasteur Stuber vint l'enrôler pour une mission incontestablement plus belle, plus féconde et plus conforme aux tendances d'Oberlin, que ne l'eût été la polémique avec des officiers athées, ou la prédication peu fructueuse devant des militaires dissipés. — D'ailleurs, que serait devenu Oberlin au moment du licenciement du régiment de Royal-Alsace ? aurait-il émigré avec le colonel, avec le prince de Deux-Ponts ?... Aurait-il usé ses forces dans l'exil, ou, réputé suspect comme ami du gouvernement royal déchu, aurait-il été arrêté de prime abord et livré aux tribunaux révolutionnaires, comme Frédéric de Dietrich?... Toutes ces suppositions sont permises. D'après mon faible jugement, Stuber a été, indirectement, le sauveur de Frédéric Oberlin, et, très-directement, le bienfaiteur du Ban-de-la-Roche, en amenant dans ce canton le jeune missionnaire, réformateur des mœurs et civilisateur du pays.

Puis, lorsque Oberlin, relégué au fond de ces montagnes, commence à sentir que l'isolement insolite pèse sur lui, la Providence lui amène une compagne, qui se dévoue au même but et épouse, avec l'homme, le missionnaire intrépide et inspiré.

Quand cette compagne, fatiguée, descend dans la tombe, il trouve une aide, inférieure de naissance, mais par son âme chrétienne au niveau de toutes les entreprises tentées par lui, au niveau de toutes ses institutions, de toutes ses réformes scolaires et sociales.

Lorsque l'occupation agricole commence à être insuffisante, lorsque la terre bornée du Ban-de-la-Roche ne peut plus nourrir le nombre triplé de ses habitants, l'industrie cotonnière introduite, grâce à l'appui d'Oberlin, par un fabricant de Sainte-Marie-aux-Mines, ouvre une nouvelle source de vie et de prospérité pour ces pauvres villageois.

Puis, lorsque de mauvaises journées se lèvent sur la France, lorsque les citoyens les plus honorables de Strasbourg et de l'Alsace languissent dans les prisons ou fuient leur pays natal, le Ban-de-la-Roche, intact grâce à la protection d'Oberlin, qui le couvre de son influence tutélaire, offre jusqu'au dernier moment un asile aux proscrits.

Et lorsque Oberlin lui-même succombe sous la terrible dictature qui pèse sur la France, lorsqu'il touche au seuil des cachots, la journée de thermidor brise ses fers.

Maintenant nous touchons à la grande catastrophe qui va renverser le trône du moderne César. Nous sommes en 1813. Oberlin a traversé avec les siens la crise des subsistances de 1812, il a revu son fils qui est rentré en France avant la grande guerre du Nord.

Oberlin compte déjà 73 ans; mais il est toujours vert, actif et zélé, comme aux jours de son début dans la carrière ecclésiastique; les soucis augmentent avec le chiffre de ses paroissiens, car il les a étudiés un à un; il se multiplie; il suffit à toutes les affaires. Nous le connaissons agronome, ingénieur civil, médecin, chirurgien, instituteur, économiste, artisan, industriel, constructeur ; nous allons le voir jurisconsulte.

Depuis de longues années, près d'un siècle, les habitants du Ban-de-la-Roche étaient en litige avec les divers seigneurs qui s'étaient succédé dans la possession de cette pauvre contrée. De vastes forêts constituaient à peu près les uniques revenus seigneuriaux ; les droits d'usage et de parcours dans ces bois étaient contestés aux paysans usagers par les propriétaires féodaux. C'était, pour les uns et pour les autres, une question vitale. Les anciens règlements sur ces droits forestiers, et la part qui revenait à chacun étaient confus, obscurs comme la plupart de ces documents destinés à prévenir les procès, mais insuffisants pour les arrêter ou les terminer. La famille de Dietrich avait été bonne, et fermait les yeux sur bien des abus qui s'étaient introduits ; mais à moins de renoncer à une partie de sa fortune patrimoniale, elle n'avait pu abandonner le tout à l'aventure. Après la Révolution, les forêts avaient passé en d'autres mains ; le long et interminable litige avait survécu à la Terreur, et semblait doué d'une vie indestructible, puisqu'il n'avait point été englouti dans cet abîme commun.

Oberlin, pendant ces dernières années, s'était

beaucoup occupé des détails de ce procès ; il s'était mis dans la tête d'en finir par une transaction, au profit des deux parties. Encore une fois ce n'était pas chose si simple, si facile, puisque quatre à cinq générations d'hommes s'étaient heurtées contre les barricades que l'intérêt mal entendu, une réglementation difficile à interpréter et une tradition de chicanes mutuelles opposaient aux hommes bien intentionnés et désireux de pacification. Les pauvres communiers entendaient chercher librement les feuilles mortes, ramasser des fagots, envoyer leurs porcs à la glandée ; les propriétaires ne voulaient point consentir à détériorer l'humus ou le terroir végétal, à livrer le bois vert avec le bois sec à la discrétion des maraudeurs des communes voisines, qui usaient insolemment du droit réclamé par les habitants des cinq villages. C'étaient des récriminations à n'en pas finir ; et les hommes de loi, les hommes d'affaires avaient — involontairement, j'aime à le penser — envenimé la querelle et recouvert le droit primitif sous un tel amas de dossiers poudreux, que l'œil le plus clairvoyant n'y reconnaissait plus rien et que les mieux intentionnés jetaient, comme on dit vulgairement, leur langue aux chiens.

Dans ce labyrinthe de doute et de chicane, l'œil d'Oberlin, dès qu'il crut pouvoir s'occuper de cette interminable procédure, l'œil d'Oberlin vit plus clair que les fins et les érudits; c'est qu'il était dirigé par l'esprit d'amour et de conciliation qu'il portait à toute chose; puis, il fut admirablement secondé en cette circonstance par un homme du monde, par un homme au cœur noble, et qui avait le bras plus long que le pasteur du Ban-de-la-Roche; je veux parler du préfet du Bas-Rhin, de Lezay-Marnésia[1].

Oberlin et Lezay-Marnésia devaient se comprendre; c'étaient des esprits apparentés, quoiqu'ils fussent placés dans des positions sociales bien différentes. Ils avaient l'un et l'autre des tendances communes; l'un et l'autre voulaient le bien public, et chacun, dans sa sphère, cherchait à le réaliser de son mieux; l'un et l'autre cherchaient à mettre en pratique les bonnes résolutions, les bonnes pensées qu'il avait conçues et abritées dans son cœur.

Avant d'arriver à la préfecture du Bas-Rhin, le marquis de Lezay-Marnésia, originaire d'une ancienne famille de la Franche-Comté, s'était rallié

---

1. Préfet de 1810 à 1814.

au gouvernement consulaire, avait accepté des charges diplomatiques et géré, pendant plusieurs années, la préfecture de Rhin-et-Moselle. Là, dans sa petite mais charmante résidence de Coblence, il avait opéré d'étonnantes transformations; les environs du chef-lieu avaient été embellis à ne plus s'y reconnaître, les ressources agricoles et minérales de l'intérieur du département exploitées avec une ingénieuse habileté. Mais Lezay-Marnésia avait fait plus que remuer et métamorphoser le sol; il avait agi sur les esprits, sur le cœur de ses administrés; il avait réussi à faire accepter le système impérial, le système français, par une population allemande, hostile et revêche; avec un art infini et des ménagements habiles, il avait appliqué le système de la conscription, sans provoquer des résistances. L'Empereur, avec le regard d'aigle qu'il portait sur tous les détails du service, intérieur et extérieur, civil et militaire, avait distingué parmi ses cent cinquante préfets celui de Coblence, et l'avait transféré, en mars 1810, à Strasbourg. Cette ville, par sa situation, par le passage continuel de troupes, par son commerce avec la confédération du Rhin, avait une importance majeure; c'était à la fois un poste d'administration, de diplomatie et de guerre. Et le département, agricole entre tous, d'une rare fertilité, pouvait, devait augmenter ses ressources entre les mains d'un agronome intelligent tel que Lezay-Marnésia.

Le jeune préfet, car le marquis avait à peine quarante ans, ne trompa point l'attente du maître. Il débuta par une réception triomphale, qu'il fit préparer à la jeune archiduchesse Marie-Louise, qui touchait, comme impératrice, le sol de la France. Puis il s'appliqua sans relâche à développer les richesses du terrain. On sait que Lezay a donné une forte impulsion à la culture du tabac en Alsace; par des conseils, des encouragements intelligents, des récompenses bien appliquées, par des solennités patriotiques, il stimula les agriculteurs à s'appliquer à ce genre d'industrie. Nous savons à quel point ses efforts furent couronnés de succès. — M. de Lezay-Marnésia est le véritable créateur de la culture du tabac en Alsace; lui, aussi, le premier, il entreprit de doter de bonnes routes vicinales le département du Bas-Rhin. Toujours sur place, il activait les travaux par sa présence, par les éloges qu'il donnait aux maires intelligents et zélés, par sa douce et aimable familiarité; parlant avec une rare facilité la langue du pays, il se faisait aimer, en même temps qu'il se faisait comprendre. Amateur passionné de forêts et d'ombrages, il fit établir dans toutes les campagnes, dans tous les villages, des groupes d'arbres ou pittoresques ou utiles; une énorme quantité d'essences forestières furent plantées, sous son administration bienfaisante. Des reposoirs en grès rouge, le long des routes, rendirent son nom populaire, et perpétuèrent son souvenir dans le pays.

Un homme de cette trempe et de cette activité dévorante devait paraître à Oberlin l'idéal des préfets; et quoique le pasteur de Waldbach ne relevât plus directement de son administration[1], il avait, à raison de ses annexes, des rapports permanents avec Strasbourg. J'ignore en quelle occasion ils se virent pour la première fois. Il me semble impossible que Lezay, qui étudiait et recherchait les hommes distingués de son département, aussi bien que les ressources et les curiosités du sol, soit resté longtemps sans entendre parler du pasteur qui avait défriché un canton montagnard, et dont la renommée, depuis la fin

---

[1]. Waldbach et Rothau avaient été détachés du Bas-Rhin et annexés au département des Vosges, on ne sait trop pourquoi, car le versant des eaux les rattache au Bas-Rhin, aussi bien que Fouday, Belmont, Bellefosse, etc.

du dix-huitième siècle, s'était répandue à l'étranger et à l'intérieur de la France. Le terrain commun qu'ils exploitaient, celui de la bienfaisance, était de nature à les rapprocher bien vite ; le chef du département, qui reconnaissait et cherchait le mérite sous la bure du paysan, et qui serrait volontiers la main rude et calleuse de l'artisan, devait estimer doublement un ecclésiastique qui avait en plus d'une occasion échangé son habit noir contre la veste du pionnier. — L'homme qui déposait la plume pour manier tantôt le soc ou la charrue, tantôt la bêche du jardinier, le rabot de la menuiserie, la hache du sapeur, puis, qui, rentré dans sa demeure, se faisait prote et correcteur, imprimeur et maître d'école, un pareil Protée devait attirer irrésistiblement un fonctionnaire qui savait aussi se plier à plus d'une exigence, à plus d'un métier. Oberlin devait être sympathique à un préfet qui, de ses salons dorés, se lançait en toute saison sur les chemins raboteux, pour inspecter lui-même l'achèvement des travaux ordonnés. Ce que Lezay aurait pu, par exemple, apprendre d'Oberlin, c'était l'économie ; car le pasteur exécutait ses prodiges avec de modiques ressources. Le préfet, dévoré d'une ardeur presque maladive, comme s'il avait pressenti que sa carrière serait courte, et qu'il fallait agir aussi longtemps ou aussi peu qu'il ferait jour, le préfet du Bas-Rhin prodiguait, avec une insouciance juvénile, ressources, forces, santé, argent — de l'argent surtout; — il obtenait de grands résultats, rapidement, à vue d'œil; mais Oberlin aurait eu souvent le droit de dire, et peut-être l'a-t-il fait : « Monsieur le marquis, vous mangez le fonds avec le revenu. »

Je n'ai point voulu dissimuler le côté défectueux de ce noble caractère; je n'ai point voulu nier, ni voiler les taches de cet astre local, qui a jeté sur l'administration préfectorale du Bas-Rhin un lustre inaccoutumé.

Dans cette question forestière en litige, à laquelle j'ai fait allusion plus haut, Lezay-Marnésia seconda, de toute son influence, les efforts de conciliation d'Oberlin, il jeta son autorité de préfet dans le même plateau de la balance où le pasteur avait déjà posé, après mûre réflexion, l'autorité de la parole évangélique[1], et le résumé de son examen consciencieux, appliqué à ce long procès. Une transaction fut signée, en 1813, entre M. Champy et les communes usagères; et Lezay

---

1. Voir Note II à la fin du volume.

envoya à Oberlin, en signe de satisfaction et de reconnaissance, la plume qui avait servi à la signature de ce contrat réparateur. Oberlin, avec une légitime satisfaction, suspendit cet instrument fragile au-dessus de son bureau de travail; c'était un trophée modeste et pacifique, dont il aurait bien eu le droit de s'enorgueillir, si cette âme candide avait pu donner accès au sentiment de l'orgueil ou de la vanité. Lorsqu'en octobre 1814[1] la nouvelle de la violente catastrophe qui avait tranché les jours de Lezay-Marnésia, parvint au Ban-de-la-Roche, le pasteur, fortement éprouvé, toucha de ses doigts effilés et déjà tremblants de vieillesse, cette frêle plume qui avait passé, il y avait un an à peine, entre la main du malheureux préfet; et puis il adressa, comme il faisait toujours en des occasions aussi solennelles, une prière fervente pour l'âme de cet éminent magistrat à Celui devant lequel toutes les conditions terrestres sont égales et qui renverse, quand' il lui plaît, du haut de son char, le chef d'une province, comme il laisse passer le pied du voyageur sur le ver égaré au bord du chemin.

---

1. M. de Lezay-Marnésia, on le sait, fut lancé hors de sa voiture, près de Haguenau, en revenant avec le duc de Berry d'une tournée dans le nord du département.

CHAPITRE XXV.

Daniel Legrand. — Relations d'Oberlin avec l'empereur Alexandre de Russie.

Vers la même époque (1813), un citoyen de Bâle, Daniel Legrand, introduisit au Ban-de-la-Roche l'industrie des rubans de soie. — Ce fut, à point nommé, un secours inespéré, immense pour cette contrée, dont la population allait en augmentant, sans que les ressources agricoles pussent suivre la même progression. Mais l'établissement de M. Legrand et de ses fils à Fouday ne fut pas le seul avantage qu'Oberlin et ses paroissiens retirèrent de la présence de cette famille patriarcale. Oberlin conquit, dans la personne de ce citoyen suisse, un ami fidèle, à toute épreuve, pour le reste de ses jours. Il pouvait se féliciter de cette nouvelle acquisition d'un associé, d'un collaborateur dans le champ du Seigneur; il pouvait s'en féliciter autant peut-être que de l'adoption de Louise Scheppler. Il n'est pas une mesure de bien public, pas un acte de bienfaisance, qu'Oberlin ait accompli et réalisé pendant les douze dernières années de sa vie sans le concours de cet ami de fraîche date; mais de plus, Daniel Legrand fut, pour ainsi dire, le légataire naturel du pasteur; encore après sa mort il continua fidèlement son œuvre et maintint au Ban-de-la-Roche les traditions de foi, de charité, de morale, de travail, telles qu'Oberlin les avait établies. La vraie bénédiction qu'un homme de bien, qu'un saint homme laisse après lui, c'est précisément la transmission, l'entretien du flambeau allumé par lui. Lorsque dans l'Église catholique on fait des fondations pour une messe, en souvenir d'un défunt chéri, ou pour l'entretien d'un luminaire suspendu au-dessus d'un autel, il y a dans cette touchante institution quelque chose de symbolique et de significatif; évidemment les fondateurs veulent perpétuer le souvenir d'un être qu'ils ont aimé, respecté, et adopté comme modèle; ils veulent rester en communion de foi et de pensée avec l'âme de celui qui n'est plus. Dans l'Église évangélique, ce signe visible n'a pas été jugé nécessaire ou indispensable; la prière renoue la chaîne du passé. Daniel Legrand devait, un jour, rester en communauté de prières avec ce frère en Jésus-Christ, et maintenir, haut et ferme, l'étendard de l'Évangile qu'Oberlin avait constamment salué comme son unique bannière.

En attendant qu'il allât se coucher dans son

dernier asile, Oberlin travaillait tous les jours avec son ami de Fouday, dans le champ resserré, mais fécond, auquel il avait borné son activité. Les écoles, les sociétés bibliques, les sociétés de charité, les églises, les champs et les forêts, étaient journellement le sujet de leurs conversations ; c'est sur ce terrain qu'ils se donnaient la main et qu'ils échangeaient leurs idées ; et Legrand ajoutait au fonds commun de cette incessante application le produit de l'industrie nouvelle dont il venait de doter la vallée. Sur ce point, il avait un genre de supériorité sur son ami ; il apportait une longue expérience dans le maniement des affaires ; à la prévoyance de l'homme pratique, il alliait les chaleureuses convictions de l'homme de charité.

Cette association spirituelle et matérielle d'Oberlin et de Legrand s'opérait dans un moment où leurs forces réunies suffisaient à peine pour faire face à des difficultés, à des dangers croissants. Les deux invasions des alliés (1814 et 1815) touchaient aussi au Ban-de-la-Roche. A la fin des Cent Jours, après Waterloo, des troupes de partisans, sous le colonel Wolf, s'étaient encore défendues dans les défilés des Vosges ; et il fallut toute la prudence consommée d'Oberlin pour prévenir les représailles des troupes ennemies. Quant au presbytère de Waldbach, il obtint une sauvegarde spéciale ; Oberlin et sa philanthropique carrière étaient parfaitement connus, appréciés de l'empereur Alexandre, qui cachait sous des dehors frivoles un cœur ouvert aux émotions religieuses, et qui savait estimer à leur juste valeur les pasteurs vraiment évangéliques. — Quelques années plus tard (1819 à 1820), le baron de Berkheim, qui avait été pensionnaire et élève d'Oberlin, servit de porte-voix entre son vieil instituteur et le souverain russe, dont il était le chambellan ; il porta le tendre et respectueux salut d'Oberlin à l'autocrate, qui à son tour embrassa le messager, en lui prescrivant de rendre au civilisateur du Ban-de-la-Roche l'expression de son estime et de son admiration filiale.

Je ne sais si mes lecteurs partageront avec moi le charme d'un pareil épanchement mutuel entre l'un des puissants de la terre, entre le chef d'un empire étendu sur trois parties du monde — et le directeur spirituel de cinq villages, à peine indiqués sur les cartes spéciales d'un département français ; je ne sais si on remarquera, comme moi, cette opération merveilleuse d'une foi commune qui comble, entre deux êtres si distants l'un de l'autre, l'abîme qui les sépare? il me semble que pour M. de Berkheim[1] la mission la plus agréable de sa carrière a dû être cette simple transmission d'un salut, émané d'un serviteur de l'Évangile, et aboutissant à un trône dont les degrés touchent à la fois aux glaces polaires et aux oliviers de la Crimée.

CHAPITRE XXVI.

La disette de 1816 à 1817. — Oberlin au milieu de la famine du Ban-de-la-Roche.

Dans les premières années de la Restauration, une autre épreuve aussi cruelle que l'invasion des armées ennemies attendait Oberlin. Les pluies diluviennes de l'été de 1816 avaient empêché, dans une grande partie de l'Europe, la bonne venue des céréales, le blé n'avait point mûri; de vendanges, même dans les contrées favorisées, il ne pouvait en être question; les fruits des arbres étaient tombés par terre, aqueux et sans saveur. La disette d'abord, puis la famine envahit l'Alsace, plaine et montagne. Dans toutes les contrées d'alentour régnait la même détresse; à Strasbourg,

---

[1]. M. de Berkheim était le gendre de Mme de Krüdener, l'amie de l'empereur Alexandre.

on vit pour la première fois des bandes innombrables d'émigrants allemands, traverser la ville et chercher en Amérique un asile contre la misère, la faim et une mort lente et cruelle. Au coin des rues, on trouvait des enfants implorant, par des pleurs déchirants, la pitié du public; dans l'intérieur des maisons pauvres, la maladie décimait les familles, faute de nourriture suffisante. Même dans les classes supérieures, on sentait les étreintes de ce mal universel; la main de Dieu pesait sur le pays, épuisé par les années de guerre qui avaient précédé le fléau de la disette. S'il en était ainsi dans une ville telle que Strasbourg, qui disposait au moins d'épargnes antérieurement faites, et qui pouvait, avec ses ressources municipales, pourvoir aux besoins les plus urgents, jugez de ce que devint une vallée pauvre, où dans les meilleures années on avait tout juste le nécessaire, et dont le luxe de table consistait, toujours et partout, en pommes de terre, en lait et en beurre. Dans cette épouvantable crise, Oberlin et Legrand se multiplièrent; ils luttèrent contre le mal local aussi longtemps que leurs ressources personnelles et les efforts charitables des familles aisées de la vallée de la Bruche le leur permirent; mais le moment arriva, vers le printemps de 1817, où tout était épuisé, où le courage du pasteur de Waldbach lui-même vint, non pas à défaillir, mais à faiblir. Comme le roi David, dans ses plus mauvais jours, il criait à Dieu, du fond de ses entrailles, et demandait à ne plus voir périr les siens; dans les cabanes les plus pauvres on avait déjà recours à de tristes et dangereux expédients, aux herbes sauvages que l'on faisait bouillir pour tromper la faim. Oberlin savait que Strasbourg et les villes et villages de la plaine étaient en proie à de graves souffrances, à de véritables privations; pour ne point importuner ses amis, il s'était tû jusqu'au dernier moment; il avait espéré, oui, il avait compté qu'un miracle s'opérerait, et que Dieu mettrait un terme à la cruelle punition qu'il infligeait à son peuple. — Enfin, lorsque le fantôme de la mort, frère et allié du fantôme de la faim, se dressa devant lui avec tous ses épouvantements, lorsque les anges consolateurs, qui jusqu'ici l'avaient fréquenté et consolé dans le silence des nuits, semblaient avoir plié leurs ailes et voilé leurs doux regards, alors, oui, alors il s'épouvanta lui-même un moment, et se dit: « Mon Dieu, il faut bien que j'aie péché outre mesure pour que dans mes vieux jours tu m'aies réservé à voir cette misère des miens. Punis-moi pour eux, ô mon Père!

mais sauve-les, sauve le reste de ton peuple fidèle et repentant ! »

Et alors il écrivit à Strasbourg ; il fit à quelques-uns de ses amis dans le corps enseignant, dans le saint ministère et dans le haut commerce, le tableau de l'horrible affliction qui tourmentait son âme, de l'angoissante maladie qui torturait sa paroisse ; il leur dit avec l'expression désespérante du père de famille qui voit mourir ses enfants : « Si vous ne venez à notre secours, sans tarder, nous succombons, nous sommes perdus. Si vous le pouvez, venez à notre aide ; si vous ne le pouvez pas, priez pour nous, et que Dieu nous donne une mort paisible au cœur de cet épuisement. »

Cet appel fut entendu. A Strasbourg, la véracité, la modération d'Oberlin étaient connues ; on savait, à n'en pas douter, qu'il ne ferait jamais usage de rhétorique, et moins que jamais dans un moment aussi sérieux ; on savait que lorsque lui, le pasteur bientôt octogénaire, s'écriait : « Nous mourons ! » on mourait.

Alors, on vit dans les paroisses de Strasbourg un élan général. Du haut des chaires, des voix éloquentes — ah ! toutes l'étaient dans un moment pareil — des voix angoissées disaient : «Frères, sauvez, sauvez les pauvres habitants des Vosges! donnez! oui, retranchez sur votre pitance de chaque jour. Dieu, soyez-en sûrs, Dieu vous le rendra au décuple; il ne vous laissera point dans la détresse; il vous secourra à votre tour. Souvenez-vous de la main protectrice qu'il a étendue sur vous pendant ces dernières années; il n'a point souffert que votre ville devînt la proie des flammes, ou le butin de l'ennemi. Le Dieu des armées a posé la légion des anges sur vos remparts, et son bouclier invisible vous a couverts. Rendez-lui grâces, en vous montrant secourables, et bons et humains. Vous le serez! Frères, sauvez, sauvez les malheureux habitants de Vosges!»

Alors de tous les points de la ville et des environs les dons affluèrent; on renvoyait le tubercule nourricier dans la vallée qui l'avait produit; des provisions de pain, de riz, de lentilles, de café, des provisions de vêtements furent en toute hâte voiturées à Fouday et à Waldbach: on y ajouta du numéraire, et les pauvres, qui n'avaient pu retrancher sur leur unique repas qu'ils tenaient de la charité de leurs concitoyens, les pauvres envoyaient leurs meilleures prières, car dans ces calamités publiques tous ceux qui ne se détériorent point et ne deviennent pas féroces, tous apprennent à prier. — Et ces fourgons, chargés de vivres, accompagnés des supplications et des vœux de toute une population, arrivèrent à temps pour arrêter le débordement du désespoir dans la vallée d'Oberlin; il put se faire le dispensateur intelligent de ces richesses inespérées, le modérateur de ces retours d'allégresse. — Point de gaspillage! point d'injustice! point de répartition partiale!... l'omniscience semblait présider à cette distribution. Et quoi d'étonnant! Oberlin avait appliqué tout juste un demi-siècle à étudier sa paroisse, à en connaître une à une toutes les âmes, qui atteignaient maintenant au chiffre de trois mille; Oberlin nommait chacun des siens par son nom, comme César les soldats de son armée; dans sa mémoire fidèle et dans son cœur aimant, tous avaient leur place; il connaissait la nature et les besoins de chacun, et maintenant qu'il leur mesurait leur pâture, il ne souffrait pas qu'une miette de ce pain, livré par une louable charité, tombât par terre ou que le fort se fît une part aux dépens du faible. Avec son intelligente prévoyance, qui tenait de l'inspiration, il sut si bien ménager les ressources inespérées qui lui étaient arrivées, que l'on put atteindre les jours meilleurs de l'été et d'une récolte prospère.

Mais comme s'il ne devait plus respirer en paix, un autre coup vint le frapper presqu'au lendemain de cette année de disette. Son fils Henri-Godefroi souffrait depuis longtemps de la poitrine; une généreuse imprudence, commise pendant un incendie où il s'était exposé, en travaillant jusqu'à l'épuisement de ses forces physiques et morales, avait, dans le courant de l'été de 1817, hâté le progrès de la maladie, dont les premiers germes dataient sans doute de son séjour dans le Nord. Le mal empira sensiblement à l'entrée de l'hiver, et Henri Oberlin rendit son âme à Dieu au mois de novembre de cette même année.

Si les malheurs publics avaient ébranlé la fermeté d'Oberlin, cette perte, qui le frappa dans la plus chère de ses affections de famille, dans un aide laborieux, intelligent, infatigable, cette perte le trouva debout; il ne proféra pas une plainte; il savait si bien que ce fils chéri avait rejoint sa mère, il était si plein des promesses du Sauveur, dont il venait d'éprouver, pendant la crise dernière, la main secourable; il était si sûr d'un prochain revoir, que cette fois, il entonna un chant de grâces. Oui, de cœur et d'âme, il remercia Dieu d'avoir délivré le malheureux Henri de ses longues souffrances; le livre de cantiques à la main, il se tint, tête découverte, à côté de la fosse qui allait recevoir cette dépouille mortelle ; il fit, lui-même, d'une voix ferme, la prière sur le cercueil, et jeta la première pelletée de terre au fond du tombeau. J'ai entendu blâmer et interpréter comme une dureté de cœur cette confiance, cette fermeté chrétienne. Que la critique vienne d'un esprit qui ne partage pas les convictions évangéliques et qui n'est point fortifié par la foi, je le comprends ; mais je ne saurais admettre la discussion de la part de ceux qui prétendent faire partie de la même communion de fidèles, lorsque leur cœur est moins ferme, et que leur esprit trop jeune nourrit encore des illusions sur le néant de la vie.

CHAPITRE XXVII.

Les aides d'Oberlin. — Sophie Bernard.

J'ai hâte d'arriver à un temps d'arrêt dans le récit des douleurs qui affligèrent Oberlin pendant quatre années, à partir de 1813. Le soir de son long pèlerinage terrestre devait une fois encore être illuminé par un splendide coucher de soleil, dont les reflets allaient se prolonger sur la nuit hivernale, qui précède, pour les plus favorisés, la nuit dernière, après laquelle il n'y a ici-bas plus d'aurore.

Nous avons vu que, dans l'accomplissement des œuvres de charité, Oberlin avait trouvé des aides intelligents, dévoués à la vie et à la mort, dans la personne de Daniel Legrand et de Louise Scheppler. D'autres femmes pieuses et animées d'un esprit pareil à celui de leur maître et modèle s'étaient jointes à Louise Scheppler depuis une dizaine d'années. Je ne nommerai que Catherine Scheidecker, Catherine Bang et Sophie Bernard; ces sœurs de charité ont laissé à leurs familles des souvenirs qui équivalent à des brevets de noblesse. Sophie Bernard, surtout, était une de ces femmes que dans le monde on exalterait, que l'on décorerait de l'épithète de femme adorable. Au Ban-de-la-Roche, ce n'était qu'une fille exemplaire, se distinguant par son dévouement chrétien dans un canton où des centaines de paroissiens marchaient sur les traces d'Oberlin et réalisaient simplement, sans prétendre attirer les regards du dehors, les vertus des premiers siècles du christianisme.

Sophie Bernard avait adopté des orphelins qui restaient sans ressources : elle les avait recueillis, pris dans leur chaumière où ils gisaient abandonnés ; elle avait par le travail de ses mains pourvu aux besoins de ces êtres, sans recourir au père de la vallée, car elle savait qu'il était mis à réquisition par de plus nécessiteux qu'elle-même. Demandée en mariage — elle était jeune et belle — par un homme qui jouissait de quelque aisance, elle avait refusé, sans alléguer de motif plausible pour colorer ce refus. Le prétendant ne se laissait point rebuter, et revint plusieurs fois, nullement humilié de cette froideur apparente de Sophie Bernard ; la sagesse et la charité de cette fille étaient si bien établies, qu'un paysan probe et laborieux devait s'obstiner à conquérir, pour sa demeure, un pareil trésor. Sophie Bernard se retrancha dans un mutisme complet, espérant fatiguer le jeune homme, tout en professant pour lui une affectueuse estime. A la fin le pasteur, mis au courant de ces pourparlers matrimoniaux, qui faisaient quelque bruit dans le pays, le pasteur, dis-je, entreprit l'examen de conscience de Sophie, qui finit par avouer sous le sceau du secret qu'elle se considérait comme préposée par Dieu au petit orphelinat qu'elle avait fondé et qu'elle ne consentirait jamais à abandonner cette œuvre pour devenir une mère de famille égoïste. On devine l'issue de cette négociation. Oberlin, en cette circonstance, ne garda point le secret du confessionnal, et le prétendant emmena la fiancée avec la demi-douzaine d'enfants adoptifs qu'elle entretenait du travail de ses mains. Les deux familles n'en firent qu'une.

En lisant des traits de cette nature, en écoutant le récit de faits pareils, qui se passent à notre porte, sous la vivifiante influence de l'Évangile, on se croirait transporté dans les jours qui suivirent immédiatement la mort du Christ, lorsque les premiers fidèles n'avaient qu'une bourse et qu'une table commune, et que les rêves des utopistes, nos contemporains, qui prétendent imposer, par la loi, des systèmes abstraits, étaient une réalité, produite par des cœurs libres, émus et régénérés.

CHAPITRE XXVIII.

Degérando. — François de Neuchâteau. — Oberlin médaillé.

Au nombre des personnes amies ou bienveillantes qui, dans les derniers temps, étaient venues visiter le pasteur Oberlin, se trouvait le baron Degérando, le philanthrope, l'écrivain, le professeur et l'administrateur distingué, qui a laissé dans la société de la capitale et dans une partie de l'Europe, les souvenirs les plus honorables. C'était un de ces hommes de bien, qui devaient estimer à toute leur valeur les actes accomplis depuis un demi-siècle par Oberlin. — M. Degérando ne se contentait point de parler ou de payer en éloges faciles une vie consacrée tout entière à des œuvres de moralisation ou de bienfaisance; il agissait, autant que son cercle d'influence le lui permettait. A Paris, il avait intéressé en faveur du pasteur de Waldbach, un homme haut placé, François de Neuchâteau, né en Lorraine, comme l'indique la localité accolée à son nom de famille non pour s'anoblir, mais pour établir une distinction entre sa personne et celle de ses nombreux homonymes.

François de Neuchâteau avait lui-même visité le Ban-de-la-Roche au commencement de la Révolution, en qualité d'administrateur du district. Déjà, dans ce temps, il avait été frappé de la métamorphose radicale opérée par le pasteur dans cette contrée écartée; mais la Terreur avait suivi de près cette première tournée du citoyen de Neuchâteau, qui fut emprisonné par ordre du parti de Robespierre, et ne recouvra sa liberté qu'après le 9 thermidor.

Les affaires publiques auxquelles François de

Neuchâteau se trouva mêlé, les hautes charges qu'il occupa sous le Directoire — car il fut à deux reprises ministre de l'intérieur — avaient effacé ou du moins obscurci le souvenir du Ban-de-la-Roche. Le conseiller d'État Degérando le lui rappela, non sans de vives instances ; et François de Neuchâteau, qui était un écrivain distingué, littérateur comme son ami, le conseiller d'État, se chargea de faire un rapport à la Société royale et centrale d'agriculture sur les améliorations radicales apportées par Oberlin dans la culture des terres de sa paroisse. Ce n'était donc qu'une partie de la prodigieuse activité d'Oberlin qui était indiquée dans ce rapport ; ce n'était qu'une fraction de cette existence si riche en enseignements et en sujets d'émulation, qui était mise en relief ; mais toute l'assemblée fut émue par le récit éloquent du rapporteur qui jouissait d'une autorité incontestable et bien méritée dans ces hautes régions.

La grande médaille d'or fut décernée à Oberlin et adressée par M. Degérando à Daniel Legrand, qui la remit, le 18 avril 1818, à son ami, devant les fidèles réunis dans l'église de Fouday. Ce fut, pour ses paroissiens, un moment solennel ; ils se sentaient, eux tous, honorés dans la personne de leur pasteur, qui pouvait se passer d'un pareil témoignage, de quelque haut lieu qu'il partît. — Mais lui-même, voyant l'émotion qui avait gagné toute l'assistance, et touché de l'attachement filial de ses enfants adoptifs, lui-même ne put un moment maîtriser sa propre émotion; il embrassa, en face de l'autel, ce frère que Dieu avait envoyé vers lui dans les mauvais jours, et qui partageait avec lui les jouissances de cette belle matinée.

Daniel Legrand, qui devait encore, pendant huit ans, assister comme un fils et comme un frère, le pasteur de Waldbach, Legrand, avant de lui remettre la médaille, avait prononcé quelques paroles empreintes d'une simplicité antique.

« Dieu a couronné les œuvres de votre pasteur; il a accordé à ses prières toutes sortes de bénédictions répandues sur le Ban-de-la-Roche; ses conseils, ses sacrifices, son exemple ont beaucoup contribué à perfectionner la culture de votre sol peu fertile; il a attiré dans votre vallon écarté des branches d'industrie autrefois inconnues; il a été le premier inventeur de tout le bien qui s'est fait parmi vous depuis un demi-siècle; aussi son nom est-il béni et chéri de nous tous, comme celui d'un tendre père. Dès aujourd'hui, il sera respecté par toute la France. »

D. Legrand, en parlant ainsi, restait au-dessous de la vérité; il ne voulait ni offenser son ami, ni lui faire baisser la tête ; il ne voulait pas exalter le légitime orgueil des habitants du Ban-de-la-Roche, car il aurait pu ajouter que le nom d'Oberlin circulait dans toute l'Europe centrale et du Nord ; qu'il avait traversé l'Océan, et, mieux que cela, qu'il pouvait espérer que tant d'abnégation, de sacrifices volontaires et de charité active lui seraient un jour compté sur le livre de vie. Mais ce qu'il nous est permis de dire ou de penser à distance, les deux amis ne le disaient pas et ne l'espéraient qu'avec l'humble réserve de la soumission, et de la confiance en la *miséricorde divine.*

CHAPITRE XXIX.

Dernières années d'Oberlin. — Sa démonologie.

Plus Oberlin approchait du moment suprême, et plus il essayait de se familiariser avec l'idée de la mort. C'était pour lui un pont jeté sur l'abîme qui nous sépare en cette vie d'un monde meilleur; et ce pont, ce passage, il brûlait d'y arriver. Sa vive imagination, contenue par les devoirs qu'il avait à remplir chaque jour, devançait pourtant, de temps à autre, le moment même où il laisserait derrière lui la dépouille de son corps; il errait dans les demeures futures; il les voyait; il les touchait, pour ainsi dire, de ses mains.

Si, dans sa conversation avec le pasteur Stuber, il s'était écrié : Non, je ne suis pas un visionnaire! cette exclamation, cette assertion pouvait être vraie à cette époque de sa jeunesse; mais depuis lors, il ne s'était peut-être pas contenu dans les justes bornes de ce qu'il est donné à l'homme de savoir; il aimait à construire, à se figurer à l'avance ces incommensurables compartiments, où les âmes des trépassés allaient entrer. Sans aucun doute, il fut un peu poussé dans cette voie par un ami, par Jung-Stilling, qui avait fait des études de médecine à Strasbourg vers 1770, et s'était mis en rapport avec le pasteur de Waldbach, alors, à peine, au début de sa féconde carrière.

Jung-Stilling était, dans toute la force du terme, un pieux visionnaire. Il avait toutes les qualités, mais aussi toutes les faiblesses et les aberrations d'une piété exaltée, d'une exubérante imagination, qui franchit d'un bond hardi toutes les barrières élevées par la volonté de Dieu lui-même entre cette terre et le séjour des âmes dépouillées de leur corps, ou revêtues, selon saint Paul, d'un corps transfiguré. Aucun obstacle n'arrêtait Jung-

Stilling dans ses pérégrinations à travers les champs Élysées, ou le monde des esprits, tel qu'il se le figurait. J'ai tout lieu de croire qu'il y avait, chez Oberlin, un peu de contagion prise dans les rapports avec cet homme, d'ailleurs si respectable et si respecté par les plus distingués et les plus illustres de ses contemporains.

Rien, au surplus, de plus inoffensif que ces fictions de l'autre monde, telles que Stilling et Oberlin les concevaient. Leur carrière active non-seulement n'en fut ni entravée, ni troublée; loin de là, dans ces pressentiments ou dans ces prévisions, l'un et l'autre trouvaient peut-être une diversion nécessaire aux tourments inévitables de chaque jour. C'était la part faite à ce besoin inextinguible de bonheur, qui dévore le cœur de l'homme et que les mondains calment, satisfont ou trompent dans des distractions plus ou moins permises. Trop austères, trop esclaves de leurs devoirs, trop puritains pour chercher ces distractions dans un plaisir qui, de loin ou de près, pût paraître sensuel, Jung-Stilling et Oberlin escomptaient l'avenir immatériel, et devançaient le moment où ils recevraient des mains de leur juge et de leur père un quartier assigné dans les régions du ciel.

Je ne prétends pas justifier au complet cette

tendance d'Oberlin; je ne suis amateur ni de la démonologie, ni des voyages anticipés dans les régions invisibles à l'œil nu. Je n'ai pas pu réprimer un sourire, en voyant ces tableaux de la géographie d'outre-tombe, dressés et coloriés, par le pasteur de Waldbach, à son usage personnel, et peut-être pour quelques paroissiens, plus rapprochés de sa personne que la totalité des habitants du Ban-de-la-Roche. — Cependant, qui sait si nous, qui sourions, si nous n'aurons pas tort un jour; qui sait si ces organisations délicates n'ont pas un sens de plus que nous et ne devinent pas d'assez près ce que nous ne parvenons pas même à entrevoir?... Avant de traiter comme une ridicule et absurde folie ces visions, il faudrait avoir traversé les mêmes phases de développement que ces hommes extraordinaires, dont les œuvres nous étonnent. Les fruits que ces arbres vigoureux ont portés, sont de nature à nous faire croire que leurs racines plongeaient à de grandes profondeurs et tiraient leur nourriture d'un sous-sol très-favorable et nutritif. Essayons, avec notre saine, froide et impitoyable raison, de faire des œuvres qui approchent des leurs; puis nous aurons conquis le droit de nous moquer de leurs croyances.

CHAPITRE XXX.

Dernières années d'Oberlin. — Son cheval. — Les importuns.

Cette généreuse existence tirait à sa fin, les infirmités de l'octogénaire commençaient à peser sur Oberlin, et à entraver son activité; il demandait à être réuni à son Sauveur.

Déjà trois à quatre ans avant sa mort, Oberlin déclinait; il s'affaissait sur lui-même, quoiqu'il persistât toujours à remplir ses fonctions pastorales avec la même scrupuleuse exactitude qu'il avait apportée à leur exercice dans la période ascendante de sa vie.

Ce fut pendant l'été de 1823, que l'un de ses jeunes amis strasbourgeois, frappant un dimanche soir à la porte du presbytère, fut reçu par Louise Scheppler, qui lui dit: «Notre bon père est très-fatigué; il a dissimulé son accablement pendant le service divin. Je ne pense pas qu'il puisse vous recevoir. Vous êtes pour quelque temps à Rothau, n'est-ce pas?... vous feriez bien de revenir demain.

— Je ne fais que passer au Ban-de-la-Roche, bientôt je partirai pour Paris; peut-être ne reverrai-je de longtemps notre cher pasteur; peut-être jamais. Permettez-moi de monter chez lui; je verrai bien si je suis à charge ou non; je ne ferai au besoin qu'échanger deux mots, et demanderai sa bénédiction. »

Louise céda, mais avec une visible répugnance. Le jeune homme entra dans le sanctuaire bien connu, et vit le pasteur accoudé sur sa table de travail, sa tête blanche dans ses deux mains, dans l'attitude d'un homme livré à une involontaire somnolence.

Le pauvre intrus, tout troublé et tout confus, s'assit dans un coin, espérant qu'Oberlin se réveillerait et lui dirait au moins quelques mots de douce bienvenue. Les minutes, les quarts d'heure s'écoulèrent, Oberlin demeurait toujours dans le même état d'affaissement et d'immobilité. A deux ou trois reprises, il releva sa tête, comme par un effort machinal; il avait l'air de lutter avec lui-même et d'imposer à son corps rebelle l'obéissance que l'esclave doit à son maître; mais la fatigue était plus forte que cette âme de feu. Quelques soupirs inarticulés sortaient de la poitrine oppressée d'Oberlin, et sa tête retombait dans son attitude première, sans que ses yeux, noyés dans le vide, eussent aperçu son jeune ami discrètement et silencieusement retenu sur le siége de bois qu'il avait choisi en entrant.

Le voyageur vit bien qu'il n'avait qu'à se retirer. C'est ce qu'il fit, le cœur serré. Il se disait qu'il avait assisté à une abdication. Pour qu'Oberlin fût réduit, de jour, à cette inactivité, les sources de la vie devaient commencer à tarir dans cette forte nature.

Dans ces dernières années, Oberlin se résignait à faire à peu près toutes ses courses pastorales à cheval. De tout temps, il avait été excellent et intrépide cavalier; mais ce qu'il ne se permettait autrefois que pour des courses très-éloignées, ou dans des circonstances urgentes, par exemple lorsqu'il courait, bride abattue, à Strasbourg, chercher des secours ou des subventions, maintenant il le faisait de nécessité.

Le maire de Waldbach entretenait un cheval, à l'usage du chef spirituel de la paroisse. Une selle particulière, un peu moins primitive et plus confortable que la selle du laboureur, était posée sur le dos de la modeste mais fidèle monture, lorsqu'elle devait transporter le pasteur de Waldbach, soit à Fouday, soit à Belmont.

Il est bon de dire que le maire habitait au bas de la commune de Waldbach, et que le presbytère se trouve au haut du village, à l'autre extrémité de cette longue enfilade de maisons ou de cabanes, qui constitue nos communes dans les montagnes.

Le cheval, qui avait pour le vénérable vieillard un attachement particulier, reconnaissait parfaitement à la qualité de la selle la destination de sa journée, et se rendait sans guide et sans un mot de direction dans la cour du presbytère, où il annonçait sa présence par des hennissements de joie. Il suivait Oberlin comme un chien familier, restant sans une attache quelconque devant l'église et les maisons où le pasteur s'arrêtait, et attendait ainsi le retour de son maître temporaire avec la patience d'un enfant docile.

Je ne prétends pas induire de ce fait isolé qu'Oberlin exerçait, comme saint François d'Assise, une influence irrésistible, miraculeuse sur les êtres inférieurs de la création; cependant, d'après le témoignage de plus d'un contemporain du civilisateur du Ban-de-la-Roche, les traitements affectueux de ce dernier à l'endroit des animaux domestiques lui attiraient immédiatement leur obéissance. Je ne vois pas pourquoi il n'y aurait pas, dans ces natures privilégiées, une espèce d'effluve magnétique, dont les effets traverseraient même l'obstacle que les organes moins parfaits, chez les animaux, opposent aux communications de l'âme.

A l'époque où nous sommes parvenus dans ce récit biographique, le pasteur de Waldbach subissait depuis une dizaine d'années tous les inconvénients, toutes les tracasseries, toutes les incommodités qui accompagnent une célébrité croissante. Les îles Britanniques surtout lui envoyaient fréquemment des admirateurs dont il aurait pu se passer. — Pour un « Owen, » ou pour un membre de la grande Société biblique, dont la présence devait avoir pour lui un charme sympathique, dix importuns venaient envahir le presbytère; et l'honneur de recevoir à sa table frugale une famille appartenant à la pairie, ne compensait pas pour Oberlin la perte matérielle de son temps et de ses forces, dont il devait user désormais avec les plus grands ménagements.

Je ne suis pas éloigné de penser que pour échapper à ces inévitables importunités, et ne point se prodiguer, il avait imaginé des formules d'entretien et des colifichets ou des joujoux qui satisfaisaient les badauds de haut parage, sans enlever à ce curateur d'âmes une partie de sa vitalité et de ses inspirations intimes.

Ce connaisseur d'hommes, qui depuis bientôt

soixante-dix ans pratiquait la science de l'âme, devait percer bien vite à jour une admiration conventionnelle; peu lui importait que les formules de dévouement fussent enveloppées de citations bibliques et de professions de foi! Oberlin lisait, avec une pénétration désespérante pour les sots, au fond des cœurs et des esprits; sans aucun doute il avait des mesures différentes pour les capacités et les dispositions diverses qu'on apportait aux entretiens dans le presbytère de Waldbach. Il ne blessait personne; il ne faisait point comme l'illustre Gœthe, qui, dans les dernières années de sa vie, se retranchait, par anticipation, dans son Olympe païen et dans le temple de l'immortalité. Oberlin était affectueux et bon même pour les hypocrites volontaires ou involontaires, même pour les simples curieux; mais il ne donnait à ces derniers que des miettes à leur usage, et réservait le pain de vie à ses pauvres paroissiens, à sa famille et à ses amis fraternels.

CHAPITRE XXXI.

Mort et funérailles.

Le 26 mai 1826, Oberlin tomba malade, et s'alita pour ne plus se relever. Sept jours plus tard, le 2 juin, il expira doucement, entouré de sa famille, de Louise Scheppler, de Daniel Legrand, qui était absent au moment où la maladie s'était déclarée, mais qui était arrivé à temps pour recevoir le dernier serrement de main de son ami.

Depuis plusieurs années, il avait fallu s'attendre à une séparation prochaine. La paroisse, les enfants, les amis du pasteur semblaient préparés à ces éternels adieux; et pourtant, lorsque arriva le moment suprême, ce fut un deuil général comme si la mort avait moissonné un jeune homme à la fleur de l'âge. Dès que la triste nouvelle eut circulé dans les huit communes qui forment les paroisses de Waldbach et de Rothau, les travaux des champs et les travaux industriels furent instantanément arrêtés; les habitants se rendirent, les uns à l'église la plus voisine pour se recueillir et prier; les autres coururent vers le presbytère de Waldbach, pour entendre les détails sur les derniers moments du père de la vallée.

Ceux qui furent admis dans l'intérieur de la maison du défunt, et qui contemplèrent encore une fois les traits si peu altérés et si calmes du vénérable vieillard, rapportèrent dans leurs familles, en fondant en larmes, ce qu'ils avaient vu. A Strasbourg, on fut informé, par un message spécial, le soir même du jour où Oberlin avait expiré, de la perte que faisaient l'église protestante d'Alsace et la grande communauté chrétienne. Dans les nombreuses familles qui avaient été en rapport d'amitié avec celle du pasteur vénéré, l'attendrissement s'empara de tous les membres de la maison ; de toutes ces poitrines oppressées par une seule et même affliction, de toutes sortit un concert d'actions de grâces pour les consolations chrétiennes qu'Oberlin leur avait prodiguées dans les jours de douleur, et pour les espérances qu'il avait réveillées dans leurs âmes.

On a pu remarquer que les chrétiens affermis dans leurs croyances meurent toujours avec une inaltérable sérénité et bénissent Dieu au milieu des souffrances vives qui précèdent quelquefois le moment suprême. Oberlin devait suivre, sous ce rapport aussi, la règle commune. Ses forces trahissaient sa volonté, lorsque, dans les dernières journées, il voulait ou communiquer sa pensée ou commander à ce corps affaibli qui, sa vie durant, avait été le serviteur obéissant de son maître. A certains mouvements de ses lèvres, on devinait que, jusqu'à la dernière heure, il priait pour sa paroisse. Certes, il aimait sa propre famille, mais ses ouailles étaient ses véritables enfants.

Le 5 juin (1826) avait été fixé pour le jour des funérailles. On y accourut de fort loin; je ne parle pas du Ban-de-la-Roche; ici tous les habitants, depuis le plus âgé jusqu'aux enfants de cinq ou six ans, étaient sur pied; mais les villages catholiques du val de Bruche et du département des Vosges envoyèrent plus d'un délégué, plus d'un mandataire pour les représenter auprès du cercueil du bon pasteur; exemple touchant de bonne et cordiale confraternité... De Strasbourg arrivèrent les amis de la famille, et les hommes qui avaient voué au souvenir d'Oberlin un culte de dévouement et de gratitude. Dès le matin de cette journée solennelle, on vit déboucher par les hauteurs du Champ du feu tous les membres du consistoire de Barr et les délégués de cette ville; ils avaient fait à pied, et en partie de nuit, le trajet de six lieues de montagne, qui les séparaient de Waldbach. Jamais ce modeste village n'avait vu affluence pareille; un prince aurait fait annoncer son passage par ce vallon, qu'il n'aurait point eu un cortège aussi nombreux. C'était aussi un chef qu'on venait saluer pour la dernière fois: le chef des croyants dans ce pourtour des Vosges. Certes, le parfum aromatique qu'exhalent les magnifiques sapinières de ces hautes montagnes n'est pas plus pénétrant et n'apporte pas plus de santé au corps, que le parfum de la pieuse renommée d'Oberlin n'apportait de force aux âmes avides de consolation. Vivant, il avait relevé, réconforté les âmes; mais son souvenir allait choisir sa demeure dans le presbytère de Waldbach, sous le saule pleureur du cimetière de Fouday, et exercer encore une action intense et bienfaisante. Ce n'est point une superstitieuse croyance qui attache à la pierre sépulcrale sous laquelle repose un homme de bien ou un grand homme, ce je ne sais quoi de pénétrant qui tient à l'âme de celui qui n'est plus.

L'immense cortége funèbre se mit en marche, vers deux heures, au tintement des cloches de toute la vallée. Le corps d'Oberlin reposait dans un cercueil à couverture vitrée, pour laisser à toute cette population le temps de fixer dans sa mémoire et dans son cœur ces traits *du juste* dormant paisiblement du dernier sommeil.

L'étoile des braves, la croix d'honneur brillait sur le cercueil; Oberlin, sept ans avant de mourir (en 1819), avait été décoré sur la demande officielle du préfet des Vosges. Cette intervention fut comprise et accueillie par le ministre de l'intérieur; le gouvernement de la Restauration fit un acte de justice qui l'honorait, en attachant le signe de l'honneur sur la poitrine de ce vieillard, infatigable ouvrier dans une double carrière.

On traversa l'église de Waldbach, et les porteurs firent une halte, en plaçant le cercueil d'Oberlin entre la chaire et l'autel.

Une émotion électrique traversa l'assistance et se communiqua jusqu'aux derniers rangs de la foule qui stationnait dans le cimetière, dans les environs de la cure et dans les rues du village.

« Le cercueil du père est posé au pied de l'autel. » Ce mot d'ordre passa de bouche en bouche ; et toutes les poitrines entonnèrent une hymne qu'Oberlin avait composée et plus d'une fois entonnée lui-même devant et avec ses ouailles.

Puis cette longue bande d'affligés de tout âge se déploya comme un long ruban noir à travers la vallée; la tête du cortége entrait dans l'église de Fouday, avant que les derniers venus à Waldbach eussent pu joindre leurs anneaux à cette chaîne de deuil.

— « Pleurez sur Sion, auraient pu dire les mères à leurs enfants; car vous ne verrez plus un maître tel que lui; pleurez, car vous aussi vous êtes, à partir de ce jour, des orphelins. Le Seigneur aura beau nous dispenser de nouvelles grâces et nous donner de nouveaux guides que nous devrons chérir; celui qui fut le soutien de vos pères, et qui aurait été un bâton d'appui pour vous, ne nous sera plus jamais rendu; il est allé recueillir le prix de ses œuvres, inscrites dans le livre de vie; il est entré dans la Jérusalem céleste, dont il nous a décrit la splendeur. »

Des discours sentis furent prononcés dans l'église de Fouday et près de la tombe, qui allait recevoir le cercueil. Mais le sentiment de leur insuffisance écrasait les orateurs auprès de la dépouille d'Oberlin. Le saisissement de l'innombrable assistance était la véritable oraison funèbre. Le lendemain de cette perte, de cette vie, de cette mort, tout orateur profane et sacré se fût trouvé impuissant.

Le pasteur, qui était monté en chaire, commença par la lecture d'un écrit, composé par Oberlin, en 1784, peu de temps après la mort de son épouse. Oberlin, depuis lors, et pendant sa longue carrière, avait toujours vécu comme s'il avait dû quitter, le lendemain même, sa cure d'âmes et la terre. On tenait donc en main, on entendait son véritable testament. C'était l'oraison funèbre la plus éloquente.

— « Puissiez-vous oublier mon nom, y était-il dit, et ne retenir que celui de Jésus-Christ que je vous ai prêché; Lui est votre pasteur; je n'en étais que le serviteur; Lui est votre maître qui m'a envoyé vers vous, après m'avoir dressé et préparé dès ma jeunesse. Lui est le tout-puissant, le bon, le généreux; je ne suis qu'un pauvre, misérable et faible mortel. »

Lorsqu'un homme, lorsqu'un chrétien de la trempe d'Oberlin tient ce langage, que dirons-nous, nous les tièdes, nous les faibles, nous les ingrats, nous les brebis égarées?... quelle leçon d'humilité donnée du haut de la chaire, où depuis cinquante-neuf ans ce régénérateur des âmes avait fait entendre et appuyé de son exemple les paroles du salut, les paroles de l'Évangile!

Lorsque la dernière pelletée de terre eut caché le vitrage du cercueil, et que la bénédiction sacramentelle: « Allez en paix, » eut été prononcée par le pasteur, l'assemblée s'écoula par les routes et les sentiers; les délégués de l'autre côté des montagnes disparurent dans l'épaisse bordure des forêts; les ombres du soir descendirent sur le vallon et étendirent leur voile sur une de ces journées d'affliction populaire, qui ne se lèvent que sur les hommes de Dieu.

Heureux ceux à qui il a été donné de voir encore les traits de ce serviteur de l'Évangile, père du pauvre, censeur de l'égoïsme, interprète et consolateur de toutes les douleurs humaines, véritable législateur de cette vallée qui avait vu ses premiers pas dans la carrière militante et qui offrait à son corps inanimé un dernier champ d'asile.

CHAPITRE XXXII.

Louise Scheppler reçoit le grand prix Monthyon. — Sa mort.

Sur son lit de mort, Oberlin avait encore recommandé aux siens de toujours regarder Louise Scheppler comme un membre de leur famille. La recommandation était superflue, en vérité, mais elle est un symptôme, une preuve de la tendresse de cœur que cet homme, voué aux pensées austères, conservait au fond de sa poitrine. Cette sœur et cette fille d'adoption, cette enfant, amenée providentiellement dans sa maison pour devenir, au moment opportun, la seconde mère de ses enfants, et la tutrice des enfants de la paroisse, cette humble paysanne qui elle-même déjà pliait sous le fardeau de la vieillesse, avait donc été l'une des dernières pensées du pasteur. Oberlin savait quels trésors d'affection étaient amoncelés dans cette âme si simple, et il savait aussi qu'il ne s'agissait d'un autre legs à faire que de l'attacher, elle, dans le cœur des siens par l'une de ces chaînes que la mort seule peut rompre.

Louise Scheppler vécut jusqu'en juin 1837 ; elle atteignit l'âge de 76 ans. En 1829, c'est-à-dire trois ans après la mort du pasteur Oberlin, elle avait reçu — on peut bien dire : sans qu'elle s'en doutât, — le prix de vertu (5,000 fr.) institué par Monthyon. Le premier soin de Louise Scheppler fut de l'appliquer intégralement aux institutions créées par Oberlin, et développées, entretenues par elle. L'Académie, en lui décernant ce prix, avait été bien renseignée et bien inspirée : par ce seul et même acte, elle honorait à la fois la mémoire d'Oberlin ; elle récompensait un dévouement sublime ; elle faisait porter des fruits décuples au capital légué par un bienfaiteur noble et intelligent.

CHAPITRE XXXIII.

Coup d'œil rétrospectif sur la carrière d'Oberlin. — Conclusions.

Si j'avais été appelé à parler près du cercueil d'Oberlin, je me serais, certes, senti écrasé par le fardeau d'une pareille responsabilité ; j'aurais balbutié d'incohérentes paroles, et je n'aurais pas atteint le niveau des serviteurs de l'Évangile, qui se sont résignés à dire sur le confrère-modèle qu'ils perdaient ce que chaque membre de l'assistance chrétienne portait sur les lèvres et dans le cœur. — Mais aujourd'hui, à près de quarante ans de distance de cette journée, lorsque le sanglot de tout un canton ne retentit plus autour des orateurs troublés et émus, lorsque près de deux générations d'hommes ont déjà surgi et que les rangs des fidèles qui ont encore entrevu Oberlin commencent à s'éclaircir, aujourd'hui l'on peut jeter un regard moins obscurci par les larmes sur cette noble carrière, si humble en apparence, et pourtant si éclatante ; si peu illuminée des rayons d'une gloire mondaine, mais chantée, mais célébrée sans doute dans le chœur des anges. — Certainement, on peut, sans être taxé d'exagération louangeuse ou de blâme téméraire, jeter un regard impartial, rétrospectif sur l'existence de Fréderic Oberlin ; ne pas l'élever au rang des saints, ne pas le faire descendre au rang des hommes de bien ordinaires, qui remplissent, selon la lumière de leur conscience et dans la mesure de leurs forces, les devoirs de chaque jour. Non! Oberlin n'était pas un saint ; lui-même confessait avec humilité ses manquements, ses imperfections, ses défaillances. Oberlin n'était pas un grand homme, dans le sens que le vulgaire attache à cette expression, quoiqu'il soit permis de penser que si le simple pasteur avait été placé sur un plus vaste théâtre, ses facultés se seraient étendues avec son horizon, et que ses forces auraient grandi avec ses devoirs. Il n'aurait peut-être pas atteint l'âge de 86 ans; mais son activité, condensée dans un moindre nombre d'années, aurait été d'autant plus intense, et son influence plus retentissante. Non! Oberlin n'était pas un homme dont le jugement se trouvait toujours et partout au niveau de son cœur expansif et de sa volonté de fer et de feu. En cherchant à sonder les profondeurs de l'abîme qui nous sépare d'un autre monde, à deviner cette apocalypse de l'avenir, il s'est trompé de voie, je le crains bien; et en se réveillant dans les splendeurs de la Cour divine, il aura lui-même jeté un regard de pitié sur les tâtonnements de l'homme aveugle, qui voulait devancer les temps, et, quoique enfermé dans la matière, dévorer l'espace infini.

Oberlin n'était point un confesseur dans le sens des premiers chrétiens. Il n'a pas eu l'occasion de monter sur un bûcher ni sur un gril; et aussi longtemps que les faits ne sont pas venus confirmer les intentions les plus droites et les plus fermes, la postérité qui juge les actes autant et plutôt que la pensée, la postérité assigne un rang inférieur à qui n'a pu prouver, à la lumière du soleil, la toute-puissance du zèle dont il était animé.

Ne faisons pas Oberlin plus grand qu'il n'était en réalité; sa part est assez belle. — Quelle récompense que cet hommage rendu par une population de tous les cultes à un ministre de paix, personnification vivante de la bienfaisance, de la mansuétude, de la pureté évangélique; à ce pasteur, qui disait à son troupeau : « Venez à moi, je vais vous enseigner à louer votre Père qui est aux cieux, et qui vous donne votre pain quotidien?!... » Quelle admirable fin, je dirai presque quelle apothéose, que celle de ce pionnier de l'Évangile et du travail manuel, qui avait décuplé les produits de la terre, à l'aide de la science vulgarisée, et manié la bêche et la pioche de la même main, qui baptisait les petits enfants, bénissait les couples des jeunes époux et serrait la main des mourants! — Quelle carrière que celle de cet homme, l'égal des plus intelligents, et penseur avec les penseurs, de cet homme ami de Lavater, d'Owen, de Lezay-Marnésia, frère de Jérémie Oberlin, qui se fait petit avec les petits, pleure avec les affligés, et regarde comme sa plus belle conquête, d'avoir attaché à sa maison, à sa famille, à sa paroisse l'âme d'une simple paysanne.

Courbée sur son bâton de vieillesse, Louise Scheppler s'approchait plus d'une fois encore de la tombe de son père d'adoption, et s'y agenouillait, non pour adorer la cendre qui reposait sous cette dalle, mais pour remercier le Dieu vivant qui lui avait fait connaître, par son ministre, la parole du salut. L'affection pieuse de cette vieille sœur de charité était bien le symbole de l'amour chrétien dans toute sa native et angélique pureté; c'était bien là le type de l'amitié fraternelle, qui devrait, qui pourrait unir tous les hommes, mais qui semble réservée à d'autres mondes, pour que nous ne restions pas trop attachés à notre étroite planète.

Lorsque par une belle soirée vous vous approchez du val de Bruche, là où il débouche vers la plaine, vous apercevez à l'ouest les deux cônes du Donon, bien connu dans le monde de l'archéologie par les restes druidiques autrefois cachés sur ces hauteurs. A droite, sur la colline du Heiligenberg, des débris de poterie romaine vous

rappellent les urnes de la Campanie et de l'Étrurie.
— Puis, sur plusieurs points de la vallée, les ruines des châteaux féodaux frappent votre vue. Non loin de Rothau, le château de Schirmeck vous barre le passage. Enfin, dans plus d'un village, le long de votre route, les casernes du travail, de l'industrie moderne s'élèvent, et si la nuit vous surprend avant d'atteindre le Ban-de-la-Roche, but de votre tournée, les vitrages de ces vastes bâtiments resplendissent comme des palais illuminés. — Vous venez de traverser quatre couches de civilisations diverses avant d'arriver à la tombe de l'homme pacifique, couché dans le cimetière de Fouday.

Nous ne sommes point, tant s'en faut, entrés, de nos jours, dans une ère de paix et de paradis, telle que la rêvent les utopistes. Ces palais que vous voyez brillants à travers la nuit sombre recèlent encore bien des souffrances et des labeurs; car le travail et la souffrance, sous des formes diverses, seront toujours notre lot. Mais quelle distance parcourue dans dix-neuf siècles, quelle incommensurable distance de la civilisation des Druides à celle de l'industrie moderne! Sur les hauteurs boisées du Donon s'accomplissaient de sanglants sacrifices ; des victimes humaines y tombaient en holocauste à une divinité cruelle. — Le soldat romain placé en vigie sur les hauteurs qui dominent la Bruche, se trouvait en lutte avec les sauvages et indomptables barbares de la Germanie ultrarhénane ; vainqueur, il traînait les vaincus comme un vil bétail derrière son char, et vendait les cheveux blonds et les bras nerveux de l'esclave blanc au plus offrant des citoyens romains ; vaincu, il subissait la loi du talion, dans la forêt hercynienne. — Les brigands féodaux qui s'abritaient impunément dans les castels, maintenant ruinés, y transportaient, pareils à des vautours, le butin vivant ou inanimé de la plaine. — Les soldats de l'industrie du dix-neuvième siècle travaillent; mais ils font des contrats libres avec ceux qui les salarient, et, s'ils sont économes et intelligents, ils deviennent chefs d'ateliers et salarient à leur tour ceux qui s'enrôlent sous leur bannière. Et la parole du ministre de l'Évangile qui leur prêche la vertu et la soumission à la règle, et qui leur dit : « Vous êtes égaux devant le Seigneur, » n'est ni un mensonge, ni un vain leurre, car l'égalité devant Dieu s'applique aussi de nos jours à l'égalité devant la loi.

Oberlin est l'un de ces prédicateurs évangéliques modernes, qui ont le plus hâté cette égalité vers laquelle nous aspirons. En prêchant de parole et d'exemple, et avec l'autorité d'une inspiration divine, l'accomplissement de tous les devoirs, le respect de tous les droits, le secours prodigué à toutes les infortunes, même à celles qui seraient méritées, Oberlin a été véritablement un apôtre dans le sens primitif du mot. Il a compris et accompli la mission d'ennoblir le pauvre, en relevant son front courbé vers le sol, il a rappelé aux riches, aux heureux leurs devoirs envers les faibles et les nécessiteux.

Pour accomplir sa tâche, il n'a usé d'autre glaive que de celui de la parole.

NOTE I.

(Voir page 110.)

« J'ai reproduit les détails de la mort de Mme Oberlin, d'après le récit oral de l'un des amis d'Oberlin, et en résumant les données fournies par les diverses biographies d'Oberlin. Tallichet, dans l'article publié en 1861 par le *Chrétien évangélique*, revue de la Suisse romande, raconte le même événement avec quelques variantes, relatives surtout au moment de la journée où mourut l'épouse d'Oberlin. Je reproduis ici une partie de son récit :

« La veille de la mort de ma femme, tout le monde s'étant retiré, nous nous entretînmes encore quelques instants; elle me dit : « Le Seigneur m'a tenu parole en toi, cher époux; il m'avait promis qu'il me ferait voir son salut, et vraiment il me l'a fait voir par toi; c'est à toi que je dois de connaître le ciel et ce qui nous attend après la mort. Je t'en remercie, cher époux, et je reconnais en toi la fidélité de mon Dieu. » Puis il sonna dix heures, et, selon notre coutume, nous nous embrassâmes en nous souhaitant le bonsoir.

« ...Vers les six heures du matin, la servante vint m'éveiller, disant : Monsieur, Madame est malade. J'étais extrêmement accablé de sommeil, et étant habitué à la voir plus souvent indisposée que bien portante, je me rendormis. —

La servante vint une seconde fois, me disant : Madame est fort mal. — Pour le coup je me levai précipitamment et je la trouvai assise sur son lit, ayant les jambes dans un bain et la tête appuyée sur une servante. — En entrant dans la chambre, je lui entendis dire cette parole : Seigneur Jésus, tire-moi de cette affreuse extrémité. Je m'approchai pour la soutenir, dans ce moment je sentis un mouvement convulsif dans son bras et j'entendis un craquement dans sa poitrine; après quoi elle fut si longtemps tranquille que, ne pouvant plus supporter la position gênante dans laquelle j'étais, ainsi que la servante, nous la couchâmes tout doucement, la croyant endormie. Que devins-je lorsque, tâtant son pouls, je ne lui en trouvai plus!....

« Je montai avec précipitation au grenier, là, me jetant à genoux, je m'efforçai de prier Dieu que cet évanouissement ne durât pas longtemps. *Je dis que je m'efforçai, car, quelque ardent que fût mon désir d'être exaucé, ma prière semblait être de plomb et ne voulait pas monter vers le ciel....* Ah, dis-je, qu'as-tu fait, mon Dieu! tu m'as pris ma femme et je dois t'en louer!...

« J'eus assez de force ce jour-là pour écrire les lettres et prendre les arrangements indispensables; mais ensuite je fus complètement subjugué par la douleur. Elle était si vive que je priais sans cesse le Seigneur de me faire mourir et que j'eusse voulu me faire enterrer avec cette chère moitié de moi-même. »

NOTE II.

(Voir page 193.)

À l'occasion de ce long procès, Oberlin avait eu de grandes difficultés à surmonter, beaucoup moins du côté des propriétaires de la forêt, que de la part de certains de ses paroissiens, qui trouvaient apparemment leur compte dans la prolongation du litige. Dans les prières du dimanche il en demandait la solution, et dans ses entretiens homilétiques il cherchait à faire comprendre que les gens de loi et d'affaire étaient les seuls qui gagnaient à cet état de choses. — A cette occasion il raconta une anecdote ou un apologue, que j'emprunte à la notice de Tallichet.

« Écoutez ce qui est arrivé à Strasbourg :

« Une veuve marchande devait un capital à un marchand, qui semblait être de ses amis; mais cet ami, par des pratiques d'une ruse infernale, sut faire monter la dette jusqu'à la somme de 50,000 francs, qui formait à peu près toute la fortune de la veuve, de sorte que le marchand aurait attiré à lui la maison et tout le commerce de sa débitrice, toute sa subsistance et celle de ses enfants.

« Quand il en fut là, il insinua très-poliment qu'il désirait être remboursé pour faire un achat considérable, et c'est alors seulement que la veuve apprit qu'il réclamait une somme aussi exorbitante, qu'elle n'avait jamais reçue de lui.

«La veuve fut saisie d'effroi à cette découverte, elle et toute sa famille. On en vint aux juges, qui devinèrent bientôt par quels moyens cette fraude avait pu s'opérer; mais, d'après les formes du barreau, il fallait ruiner et perdre la veuve. Les juges pourtant en eurent pitié; ils différèrent de prononcer la sentence et avertirent amicalement la veuve qu'elle ne pouvait gagner son procès.

«Il ne lui restait qu'une seule ressource, un seul moyen de se sauver; elle recourut à Dieu, elle et ses enfants, et plusieurs amis qui se joignirent à eux.

«Et voilà, quand tout était désespéré, tout changea subitement. Dieu fit tomber sur l'oppresseur les frayeurs de l'enfer. Il fut saisi d'une angoisse si terrible, qu'il ne put plus ni manger, ni dormir, ni vaquer à ses affaires. Il fut obligé de venir lui-même confesser son tort et sa méchanceté, et demanda pardon à la veuve et aux juges.

«Et ceux-ci et tous les gens de bien louèrent Dieu d'avoir exaucé les soupirs et les larmes de la veuve opprimée et donné une fin si merveilleuse à ce procès.»

TABLE DES MATIÈRES.

		Pages.
Chapitre Ier.	Enfance et jeunesse d'Oberlin	1
—	II. Entrevue de Stuber et d'Oberlin. — Celui-ci est nommé pasteur du Ban-de-la-Roche.	11
—	III. Le Ban-de-la-Roche. — Ses habitants en 1767.	20
—	IV. Les débuts d'Oberlin au Ban-de-la-Roche.	26
—	V. Opposition que rencontre Oberlin	31
—	VI. L'éternité des peines	37
—	VII. Mariage d'Oberlin	42
—	VIII. Premières années du mariage d'Oberlin.	51
—	IX. Premières réformes d'Oberlin dans l'instruction publique. — Écoles du dimanche. — La Bible.	56
—	X. Oberlin réforme l'agriculture de son canton rural.	60
—	XI. Oberlin crée des chemins vicinaux.	64
—	XII. Oberlin continue à améliorer les écoles. — Salles d'asile, etc.	74
—	XIII. Oberlin donne un asile au poëte Lenz	79
—	XIV. Ce qu'était Lenz. — Sa folie. — Dévouement d'Oberlin	89
—	XV. Une séparation cruelle	100
—	XVI. Oberlin trouve une aide. — La paysanne Louise Scheppler.	110
—	XVII. L'intérieur de la maison d'Oberlin. — Ses arrangements personnels.	118
—	XVIII. Comice agricole. — Prières en commun.	126

Pages.

Chapitre XIX.	Les amis d'Oberlin. — Son frère Jérémie.	130
— XX.	L'historien Schlœzer et Dora sa fille. — La famille de Dietrich, seigneur du Ban-de-la-Roche.	137
— XXI.	L'industrie du coton au Ban-de-la-Roche. — Les montgolfières	149
— XXII.	Oberlin et son frère pendant la Terreur.	157
— XXIII.	Suite de la Terreur. — Les assignats discrédités. — Caisse d'épargne d'Oberlin.	169
— XXIV.	Oberlin sous le premier Empire. — Lezay-Marnésia.	178
— XXV.	Daniel Legrand. — Relation d'Oberlin avec l'empereur Alexandre de Russie.	195
— XXVI.	La disette de 1816 à 1817. — Oberlin au milieu de la famine du Ban-de-la-Roche	199
— XXVII.	Les aides d'Oberlin. — Sophie Bernard.	206
— XXVIII.	Degérando. — François de Neuchâteau. — Oberlin médaillé	209
— XXIX.	Dernières années d'Oberlin. — Sa démonologie.	213
— XXX.	Dernières années d'Oberlin. — Son cheval. — Les importuns	217
— XXXI.	Sa mort. — Ses funérailles.	222
— XXXII.	Louise Scheppler reçoit le grand prix Monthyon. — Sa mort.	230
— XXXIII.	Coup d'œil rétrospectif sur la carrière d'Oberlin. — Conclusions	231
Notes.		239

www.ingramcontent.com/pod-product-compliance
Lightning Source LLC
Chambersburg PA
CBHW060130190426
43200CB00038B/2125